소액투자로
꼬마빌딩
한채 갖기

꼬꼬마 빌딩부터 빌라 투자까지!

소액투자로 꼬마빌딩 한 채 갖기

| 임동권 지음 |

매일경제신문사

간암 말기 판정을 받고 죽을 날만 기다린다던 사람이 조깅을 하며 내 앞을 스쳐간다. 운전석에 사람 없이도 잘만 달리는 자동차들이 도로를 메운다. 하늘엔 인간 새들이 떼로 날아다닌다. 심한 화상으로 얼굴이 끔찍하게 변한 사람이 멀쩡한 얼굴로 나타났다. 4차 산업혁명 시대 놀라운 기술의 진보 덕분이다. 10년 후엔 "100세까지 건강하세요!"라는 덕담이 서운하게 들릴지도 모른다. 내심 200세를 넘볼 수도 있기 때문이다.

4차 산업혁명 시대가 활짝 열렸다!

클라우스 슈밥의 베스트셀러 《제4차 산업혁명》에 의하면 "생체조직 프린팅 기술을 이용해 인간의 피부와 뼈, 심장과 혈관 조직을 만들어낼 수 있다. 훗날, 3D 프린터로 출력한 간세포를 여러 층으로 쌓아올려 이식용 장기를 만들 수도 있고, 인공기관 프린팅으로 팔과 다리, 그리고 신체 부위를 교체할 수 있다. 3D 프린팅 제품은 인간의 세포 및 장기까지 맞춤 생산이 가능할 것이다"라고 미래사회를 예측한다. 이런 모습은 가상현실에 그치지 않고 지금부터 10년쯤 지나면 현실이 될 수 있다고 하니 놀랍고 반가울 따름이다.

4차 산업혁명은 밝은 면뿐 아니라 어두운 면도 동반한다. 산업혁명이 본격화되면 노동자는 로봇에게 일자리를 빼앗기고 소득 감소로 삶의 질이 떨어질 수 있다. 지금은 금수저로 통하는 직업군인 의사, 변호사, 회계사 등도 결코 롱런을 기대할 수만은 없다. 이런 상황에서 평범한 월급쟁이 내지 자영업자, 그리고 그들의 자녀들은 오히려 지금보다 못한 삶을 누릴 지도 모른다는 생각에 절망에 빠질 수도 있다.

돈만 있으면 상황은 급변한다. 4차 산업혁명의 수혜자는 바로 돈을 가진 자들이다. 부자는 기술의 발전을 자신의 행복으로 전환시키며 즐길 수 있다. 시대적 변화에 따른 위험보다는 기회가 폭주한다. 근면하고 정직하게 살아온 우리가 부자가 되어야 하는 이유다. 따라서 지금은 평민의 지위에서 속히 탈출하여 자본가로 변신, 달리는 호랑이 등에 올라탈 궁리를 해야할 때다.

이 글을 읽으면서 "그래서, 어쩌라고! 나 같은 월급쟁이 서민들은 죽으라는 말이군!" 하고 푸념하는 대신 "그래, 까짓것 나라고 부자가 못 되라는 법 있어? 어디 한 번 해보자고"라고 하면서 분연히 일어서서 차근차근 부자의 꿈을 이룰 수 있도록 궁리해보자.

요즘 초등학생들에게 "장래의 꿈이 무엇이냐?"라고 물으면 다수의 아이들이 "빌딩주"라고 답을 했다는 기사가 있었다. 필자 같은 베이비부머세대가 가졌던 어릴 적 꿈은, 지금 생각해보면 다소 허황되거나 살짝 무모하기도 한 '대통령' 아니면 '국회의원'이었다. 이에 비하면 요즘 어린이들의 꿈은 상당히 현실적이고 다분히 영악하고 이재에 밝아 보인다. 꿈으로만 끝나지 않고 노력하면 이룰 가능성이 있는 꿈이란 점에서 한편으론 기특하기도 하다. 어릴 적 꿈은 부모가 되어 아이를 낳고 삶의 무게에 찌들면 하염없이 축소되지만 어른이 되어 꿈을 세우면 목표 달성을 위해 애쓴다는 점에서 차이가 있다. 꿈을 세운다는 것은 그 목표를 기필코 달성하겠다는 스스로의 다짐이요 머릿속으로 상상하는 성공한 모습이기도 하다. 꿈을 세우면 이를 이루기 위한 거시적 전략이 준비되고 그 전략을 성공시키는 데 필요한 미시적 전술이 나온다. 꿈은 의식과 무의식 속에 작동하면서 목표를 향해 나아갈 수 있도록 나 자신을 강력하게 다그치는 채찍이 된다. 과거의 나로 돌아가려는 관성에서 빠져나오게 만드는 원동력으로 작용한다. 무미건조한 당신의 일상을 흐뭇한 미소로 가득하게끔 만들어주는 양념 역할을 한다고 할 수 있다. 고단하고 틀에 박힌 일상에서 보름달처럼 환하게 당신의 앞길을 비춰줄 꿈은 이렇게 중요하다. 꿈 없는 삶은, 좀 더 극단적으로 표현하면, 무의식적으로 죽음을 향해 질주하는 것과 마찬가지다.

꼬마빌딩주의 꿈을 가져라!

50억 원 이하의 모든 수익형 건물을 총칭하는 꼬마빌딩은 월세가 최대 2,000만 원까지 나온다. 꼬마빌딩주가 되겠다는 꿈을 세우고 정진하면 1,000만 원 나오는 25억 원짜리 빌딩주가 되거나 최소 500만 원쯤 나오는

15억 원짜리 상가주택 주인이 될 수 있다. 투자습관을 들여 작은 돈이라도 굴리며 정진하다 보면 꿈의 100%를 이루는 것은 어렵겠지만 70%쯤 이루는 것은 비교적 쉬운 일 아닌가!

잠시 부동산 투자 시장으로 시선을 돌려보자. 소위 문재인 시대, 현 정권에서는 부동산으로 돈 버는 재테크를 투자가 아닌 투기로 보는 분들이 부동산 정책을 주무르고 있다. 강남이나 서울 요지의 아파트 투자로 재미 보기가 만만치 않다.

정부는 강하다. 쉽게 생각하다간 큰코다친다. 이번 정부에 대해 "그렇게 강하게 조여봐야 강남만 또 한 번 명품도시로 만들어질 것이다"라고 생각해서 아파트 투기지구에 들락거리다가는 손해를 볼 위험이 다분하다.

이번 정부가 이전 정부와 크게 다른 점은 첫째, 액션이 매우 빠르다는 것이다. 6·19대책으로 간을 좀 본 후 약발이 통하지 않자 1개월 반 만에 강력한 처방전을 내놨다. 둘째, 시장의 예상치를 한참 웃도는 초강력, 전방위적 제재를 가한다는 것이다. 앞으로도 시장이 이상한 방향으로 흐른다면 즉각적인 융단폭격이 개시될 것임을 능히 짐작할 수 있다.

이럴 때는 정부와 숨바꼭질하며 투자를 실행할 것이 아니라 역지사지해서 차분히 생각해보고 투자를 실행하는 것이 현명하다. 문재인 정부는 중산층과 서민의 표를 먹고 사는 정권이다. 빈부격차, 불로소득, 불공정사회가 심화되는 것에 알레르기가 있다. "강남에 투자하면 가만 안 둔다." "분양가 5,000만 원 돌파는 용인 못한다." "갭투자로 실수요를 막으면 작살낸다." "다주택자는 시세차익의 절반을 양도세로 토해내라." "주택 담보로 대출받아 투기지역에 투자하는 꼴 못 보겠다." "그 대신 수익형 부동산 쪽은 일단 놔두겠다." 뭐 이 정도가 8·2 부동산 대책의 요지 아니겠는가. 그렇다면 답은 나와 있다. 수익형 부동산으로 가는 것이다.

수익형 부동산은 가만 놔두면 저절로 오르는 아파트와는 본질적으로 다르다. 사업할 공간을 제공하는 임대인과 장사하여 생계를 꾸리는 임차인이 만나 그 공간을 활용함으로써 풀뿌리 경제가 생동하는 고마운 부동산인 것이다. 오피스텔, 아파트형공장, 구분상가, 임대주택, 꼬마빌딩 등이 그것들이다.

이 책은 소액투자로 종잣돈을 마련해서 궁극적으로 꼬마빌딩주가 되는 길을 규모에 맞춰 단계별로 안내해주는 길잡이 역할을 할 것이다.

파트1에서는 과거, 현재, 그리고 미래의 꼬마빌딩의 투자 트렌드를 짚어보았다. 투자에 앞서 시대의 흐름을 먼저 살펴보고 방향을 설정하자는 취지다.

파트2에서는 문재인 정부 시대의 틈새시장으로 떠오른 빌라 투자를 다뤘다. 빌라 하면 투자 기피 대상일 수도 있겠지만 시대와 여건이 바뀐 지금 관심 있게 들여다보면 소액 투자자들에겐 블루오션이 될 수 있을 것이다.

파트3에서는 평택 미군 렌탈하우스 투자에 대해 심도 있는 투자 노하우를 실었다. 지금껏 재테크 책에서는 찾아볼 수 없는 내용일 것이다. 렌탈하우스에 대해 정통한 전문가가 없었기 때문일 것이지만 필자는 이 분야에 심도 있는 지식을 갖추고 있다. 용산을 비롯한 수도권 주요지역의 미군 기지들이 평택으로 이전하고 있는 요즘, 하늘이 내린 고수익 투자 렌탈하우스에 대한 모든 것을 담았다.

파트4는 소액투자로 종잣돈 만드는 실전 편이다. 아파트형공장 투자, 고시원 투자, P2P 투자, 갭투자 등이 여러분의 흥미를 돋울 것이다.

마지막으로 파트5에서는 본격 꼬마빌딩 실전 투자 사례들을 다루었다.

시대의 흐름에 일희일비하지 않고 나와 내 가족의 행복한 일상을 계획하는 것이 주요 일과인 부자의 삶, 이 땅에 태어난 이상 한 번 떵떵거리고 살아봐야 하지 않겠는가. 이 책의 독자들을 빈곤에서 탈출시켜 부자로 이끄는 재테크 전도사의 미션을 부여받았다고 자부하는 필자가 소액투자자에서 빌딩주에 이르는 재테크 방법을 이 책에 담았다. 책 내용을 잘 소화하고 실천해서 여생이 더욱 행복한 당신이 되기를 빌며 이야기를 시작해보도록 하겠다.

빌딩 재테크 메신저

임 동 권

CONTENTS

PART 01
꼬마빌딩 투자 트렌드

PART 02

문재인 시대 틈새 시장, 빌라에 투자하라

PART 03

밑천 마련, 수익률 10% 평택 미군 렌탈하우스

PART 04

소액투자로 꼬마빌딩 투자금 만들기

PART 05

여전히 활황! 꼬마빌딩 실전 투자

PART

01

꼬마빌딩
투자 트렌드

꼬마빌딩의
과거, 현재, 그리고 미래

과거(2000~2010년)

꼬마빌딩에 대한 과거의 투자형태를 논하기 위해 필자는 도대체 어느 시점을 기준으로 과거라고 해야 할지에 대해 숙고해보았다. 과거라고 해서 민주화 이전 시절까지 거슬러 올라가는 것은 너무 먼 옛날의 이야기라서 독자들의 공감을 얻기가 어렵다고 보았다. 또한 88올림픽이 열리고 90년대 강남 개발이 한창이던 때를 이야기한다 해도 역시 설득력이 떨어진다. 고민 결과 2000년부터 2010년까지 기간을 특정지어 과거로 보는 것이 좋겠다는 결론을 내렸다. 그 이유는 우리나라가 재테크 차원으로 리모델링을 시작한 시점이 2000년도이고 본격화한 시점이 2010년이었으며 이때 비로소 꼬마빌딩 투자가 시작되었다는 판단에 따른 것이다. 그 이전에는 꼬마빌딩 시장에서 투자자들은 건물을 리모델링하여 환골탈태시킴으로써 가치를 높이고 수명을 늘린다는 생각 자체를 못하던 시절이었고 그저 빈 땅에 건물을 마구 지어대기만 했기 때문이다. 이 시절에는 시장에 나온 매물의 연식을 보고

20년이 지난 건물은 인기가 없었다. 그런 건물을 매입할 경우 한 10년쯤 후에 낡은 건물을 철거하고 신축해야 할 대상으로 보았으므로 주로 입지를 기준으로 투자 여부를 결정했다. 아파트 연식이 20년이 지나면 슬슬 재건축 바람이 불고 25년쯤 지나면 재건축 추진위원회가 나타나고, 30년쯤 지나면 재건축을 시행해서 재테크하는 패턴을 꼬마빌딩 투자에도 그대로 답습하는 식이었다. 아파트는 재건축을 추진하면 비록 낡은 아파트라도 가격이 오르지만 꼬마빌딩은 25년쯤 지나면 시장에서 건물가치를 쳐주지 않은 상황이었다. 오직 땅값으로만 따져서 건물 값을 흥정했던 것이다. 또한 이 시절에는 꼬마빌딩 투자가 보편화되지 않은 상황이었다. 사람들의 관심사는 오직 아파트 투자에 꽂혀있었다. 외환위기를 벗어나면서 2002년부터 아파트 가격은 대세상승기였으니 투자 종목은 오직 아파트, 아파트, 아파트뿐이었다. 10억 원 미만의 단독주택 소유주는 물론이고 10억~20억 원대 상가주택이나 다가구주택, 원룸주택 보유자들에 대한 사회적 인식은 그들을 부러워하기는커녕 시대에 뒤떨어졌거나 안됐다는 시선으로 바라보기도 했다. 편의시설이며 교통이며 학군이며 모든 평가항목에서 열세에 있는 후미진 지역에 살면서 온갖 궁상을 떨며 임차인들과 부대끼며 소일하는 모습을 결코 좋게 보지 않았던 것이다.

이런 주택들은 단열이 대체로 부실하여 여름에 덥고 겨울에 추워 투자대상뿐 아니라 거주대상으로도 자산가들의 관심을 거의 받지 못했다. 투자자들의 최우선 목표는 강남권에 대형 평수 아파트를 마련하는 것이요, 그 목표가 달성되면 정기적인 고정수입을 안겨주는 상가를 마련하는 것이 대체적인 투자 패턴이었다.

현재(2010~2017)

현재는 베이비부머들이 은퇴기에 접어들면서 노후 고정수입에 대한 관심이 크게 고조되고 있다. 자식 교육도 마치고 결혼시키고 나니 남는 건 아파트 한 채 정도다. 이를 처분하여 주거와 고정수입을 얻을 수 있는 도시지역의 낡은 주택이나 근생 건물을 매입하여 예쁘게 단장하여 가치를 제고시키고 임대수입도 증대시키는 리모델링 기법이 보편화되기 시작했다.

현시점의 꼬마빌딩 투자 트렌드는 '리모델링의 본격화'라고 할 수 있다. 과거엔 25년쯤 지난 건물을 퇴물로 보았던 시각에서 진일보하여 이제는 철근콘크리트조 건물의 수명이 경제적으로 40년 정도는 유의미하다는 점과, 리모델링을 가미할 경우 추가적으로 30여 년을 더 쓸 수 있다는 인식

영등포 이면지역 상가주택의 리모델링 전후 모습

이 투자자들 사이에서 서서히 자리 잡게 된 것이다. 이런 연유로 낡은 건물들도 입지가 괜찮은 경우 거래가 되었다.

그럼에도 불구하고 시장에서는 25년이 지난 매물에 대해서는 건물가치를 인정하지 않으려는 경향이 아직도 강하게 자리 잡고 있는 것이 현실이다. 이는 최소 10억 원부터 50억 원을 투자하는 꼬마빌딩 투자자들의 연령대가 50~70대다 보니 과거 건물가치를 쳐주지 않던 관행을 그대로 답습한 결과로 보인다. 매도인 역시 그와 비슷한 연령대다 보니 그런 시류에 대체로 순응하는 듯하다.

협소주택

요즘 매스컴에 종종 등장하는 협소주택은 필자가 보기에는 국지적으로 벌어지는 현상일 뿐 보편화될 수 있는 트렌드라 할 수는 없다고 본다. 대지 8~20평 정도의 극소 규모의 땅 위에 억지로 지은 건물이 나중에도 경쟁력과 환금성이 있겠는가? 협소주택이 등장하는 이유는 25평, 33평 아파트 구입이 불가한 사람들이 아파트 마련의 꿈을 포기하고 궁여지책으로 선택하는 대안에 불과할 뿐이라고 본다.

빌딩중개사이기도 한 필자는 지금까지 어느 한 고객으로부터 협소주택 좀 구해달라는 요청을 받은 적이 없다. 필자는 상담하면서 "협소주택에 대해 어떻게 생각하느냐?"는 질문은 수차례 받았을 뿐이다. 그때마다 필자의 대답은 같다. "그냥 흘려버리세요." 투자자라면 누구나 신축건물이든 노후건물이든 매입을 고려할 때 장래에 재건축을 고려하지 않고 투자하는 이가 없다. 자신의 대에서 못하면 자식의 대에서 재건축할 수도 있을 것이므로 언제나 재건축 여지를 최우선 고려사항으로 삼고 문제가 있을 경우 매입을 포기하는 것이 정상적인 투자 패턴이다.

8~20평짜리 토지 위에 지금은 비록 신축건물이 지어졌지만 나중에 그것이 노후할 경우, 재건축을 한다면 지금보다 나아질 수가 있겠는가? 그럴 가능성이 거의 없다. 그러니 이런 협소주택이나 협소 건물은 퇴로가 험난하다. 당장 돈이 없다는 이유로 자신의 형편에 맞게 20평 이하의 토지를 구해서 소박하게 살아야겠다는 생각은 버리자. 미봉책에 불과하다.

미래(2018년 이후)

필자가 이 글을 쓰는 시점이 2017년이니 미래는 2018년부터로 보겠다. 트렌드라는 것이 1~2년 사이에 획기적으로 변할 수는 없겠지만 현재 시장에서 진행되고 있는 트렌드를 유추해볼 때 미래의 꼬마빌딩 투자는 '리모델링의 보편화와 동시에 신축의 증가'라고 말할 수 있겠다. 리모델링 기술의 비약적 발전으로 리모델링 전과 후의 모습이 상상하기 힘들 정도로 달라질 수 있다. 그야말로 환골탈태의 모습을 띠기 시작해 시장에서 좋은 반응을 얻고 있다.

당산역 앞 근생 건물을 병원으로 리모델링 전과 후

신축의 증가

전국적으로 꼬마빌딩들이 집중적으로 지어진 시점이 1986년 아시안게임부터라고 볼 때 연식이 30년 이상 경과한 건물들이 앞으로 급증할 것이다. 리모델링을 시도하는 투자자도 많겠지만 자기만의 아이디어로 신축을 원하는 투자자들 역시 많기 때문에 신축의 증가가 필연적이다. 비단 기존의 낡은 꼬마빌딩을 허물고 신축하는 것뿐만 아니라 재개발로 묶였다가 풀린 지역의 낡은 주택들 여러 필지를 묶어서 건물을 신축할 수도 있다. 또한 필지 규모가 30평만 넘으면 노후대비 차원으로 높은 임대소득을 기대할 수 있는 원룸 건물이나 상가주택을 신축하고자 하는 수요도 상당하다.

4차 산업혁명의 선한 영향으로 기대수명은 지금 젊은 세대의 경우 여차하면 100세를 훌쩍 넘길 수 있다는 것이 의학계의 공통적 견해임을 감안할 때 은퇴 후를 미리부터 대비하고자 발 빠르게 움직이는 투자자들은 30~50평대 토지를 매입할 자금만 준비되어 있다면 부동산을 매입한 후 토지를 담보로 대출받아 신축비를 커버해서 꼬마빌딩주가 되려는 시도가 점증할 것으로 본다.

건축기술도 발달해서 꼬마빌딩에 거주해도 단열, 방음, 방수 등에 대하여 걱정을 안 해도 되는 시대이다. 이제는 50평 전후의 땅만 있으면 상가주택이든 원룸주택이든 지어서 한 층에 자신이 거주하면서 임대인으로서 노후대비를 하려는 생각이 6070세대의 주된 관심사가 되었다. 자식 교육을 마치는 시점에 도달하면 부모는 자신의 여생을 재구성해야 한다. 아파트를 팔고 손에 쥔 10억 원 전후의 자금으로 거주공간과 임대수입을 얻을 수 있는 원룸주택이나 상가주택을 찾아 나선다. 땅을 살 돈만 있으면 땅을 담보로 건축비를 조달하는 방식으로 집짓기에 나서는 것이다.

풀옵션 원룸이나 빌트인 빌라가 없었던 과거에는 임대소득을 위해서 다가구주택을 많이 지었다. 층당 한 가구씩 임대하거나 층당 방을 여러 개 나누어 임대하는 방식이었다. 그런데 지금은 다가구주택을 허물고 신축할 때는 거의 다 원룸이나 1.5룸 형태의 풀옵션으로 짓는다. 따라서 앞으로 십수 년이 지나면 다가구주택은 이 땅에서 더 이상 찾아보기 힘든 희귀종이 될 것이다.

'집 지으면 10년 늙는다'라는 말이 이제는 사치다. 좌고우면할 여유가 없다. 이젠 고정수입으로 300만 원이든 500만 원이든 나와야 살 수 있기 때문에 발 벗고 나서는 이들이 많아졌다. 자신이 못하면 믿을 만한 사람에게 맡기면 된다. 이런 여파로 과거에는 거들떠보지도 않았던 단독주택, 다가구주택이 있는 30~50평짜리 도시지역 부동산이 주요 공략 대상으로 떠오르면서 거래도 활발하다 보니 땅값도 많이 오르고 있다.

최고의 투자처,
서울특별시

대입 수험생들이 선망하는 최고 대학교가 서울대인 것은 삼척동자도 다 알고 있는 사실이다. 서울대를 비롯한 'SKY(강남3구)'가 어려우면 '성서한(강북중심권)'이고, 그도 안 되면 '중경외시(마포·여의도)'요, 그것도 여의치 않다면 '건동홍숙(강북주요상권)'이고 그 다음은 '인서울(서울 변두리)' 아니겠는가?

부동산 투자처로서 선호도 역시 최고 희망 지역은 서울이요 그 다음이 수도권이다. 또 그 다음은 광역시요, 그 다음은 지방 중심도시일 것이다. 이런 순서는 선호도와 환금성, 토지가치 상승률 순위와 대체로 일치한다. 인터넷과 SNS가 발달하여 전 세계가 동일 생활권인 지금은 흔치 않은 말이 되었지만 옛말에 '자식은 서울로 보내고 말은 제주도로 보낸다'라고 했다. 기회가 활짝 열려 있고 성장 환경이 좋다는 뜻일 것이다. 지금도 그렇고 앞으로도 그럴 것이다. 서울의 부동산 가치는 통일이 된 후라도 수위를 이어갈 것이라고 본다.

서울특별시 전도

    이제 말로만 서울이 좋다고 하지 말고 국토계획과 토지정보에 근거하여 서울의 투자가치가 높을 수밖에 없다는 것을 알아보자. 통계청에 접속하여 검색창에 '서울시 주거지역'을 쳐보자. 한국토지주택공사가 밝힌 서울시뿐 아니라 전국 시도지역의 용도지역 정보가 쫙 나온다. 먼저 서울시를 보자. 서울시 전체 면적은 6억 526만 7,992㎡(1억 8,309만 평)이다. 이 중 주거지역은 3억 1,254만 9,851㎡(9,455만 평)으로 서울시 전체 면적의 51.64%를 차지한다. 절반을 살짝 넘는다. 이는 전국 시도지역의 주거지역 평균치가 14.88%인 것을 감안하면 가히 압도적임을 알 수 있다. 부산시 전체 면적 중 주거지역은 15.27%, 대구시 15.22%, 인천시 20.13%, 광주

시 15.58%, 대전시 14.4%, 제주시 10.61%와 견주어보더라도 서울시 내 주거지역이 차지하는 비율은 타의 추종을 불허한다. 주거지역 비율이 높다는 것은 그만큼 조밀하다는 뜻이고 사람이 몰리고 수요가 많다는 뜻 아니겠는가.

서울시 면적 중 주거지역이 전체의 51.64%라면 나머지는 어떤 용도지역인지 한 번 짚고 넘어가보자. 부동산 투자자라면 상식 차원으로도 알아두는 것이 좋겠다고 생각되어 열거해본다. 주거지역 다음으로 큰 비중을 차지하는 용도지역이 바로 녹지지역이다. 녹지지역은 쉽게 말하면 남산, 관악산, 북한산 등 서울시내에 속한 산과 공원, 한강을 비롯한 강과 각종 하천, 공항동 인근의 농지 등을 포함한다. 이런 용도지역이 서울시 전체 면적의 40.3%를 차지한다. 주거지역과 녹지지역을 합하면 91.94%이다. 나머지인 8.06%가 상업지역(4.38%)이거나 준공업지역(3.68%)이다.

여러분이 알고 있는 강남역 상권의 유흥지역, 종로·을지로 중심상권, 마포·여의도 상권, 홍대상권을 비롯한 대학상권 지역 전부가 다 상업지역인 것은 아니다. 도로를 따라 일부지역만 상업지역일 뿐이다. 서울시내 상업지역은 전체의 4.38%에 불과하다는 것을 안다면 다소 허탈할 것이다. 그만큼 상업지역은 귀하다.

준공업지역도 서울시 전체의 3.68%에 불과하다. 상업지역보다 약간 적다. 준공업지역은 과거 고도성장 시절 경공업 진흥책의 일환으로 서울시 일부 지역을 할애하여 경공업시설을 유치한 지역이고 아직도 존재하고 있다. 지금은 공장시설은 거의 철수한 상태이고 일부 철공소, 카센터, 선반가공소 등이 잔재하고 있다. 영등포, 구로, 금천, 강서, 양천, 성동, 도봉구의 일부 지역이 준공업지역이다. 이런 지역에 주택을 지으면 용적률이 250%라서 3종주거지역과 같지만, 이런 곳에 근생이나 업무시설을 지으면 용적률이 400%까지 가능하여 7~8층 건물을 지을 수 있어 준주거지역과 맞먹는다. 이런 지역의 토지가격은 3종주거지역과 비슷하거나 약간 높은 수준으로 형성되어 있어서 향후 투자가치가 높은 지역이라 할 수 있다.

'공업'자가 들어 있어서 찝찝하다는 초보적인 생각을 가지고 있다면 당신의 투자 지수는 초딩에 불과하다는 것을 알아야 한다. 준공업지역은 개발이 진행되면 신축건물들이 7~8층이다. 3종주거지역에서 개발이 진행되면 4~5층에 불과하다는 것을 알아야 한다. 토지 위에 몇 층을 올릴 수 있느냐가 토지가치의 핵심이다. 그 지표는 용적률이다. 용적률이 200%인 2종주거는 4층, 250%인 3종주거는 5층, 400%인 준주거지역은 8층, 준공업지역은 무엇을 짓느냐에 따라 5층도 되고 8층도 된다. 최소한 3종주거보다는 가치가 훨씬 높다는 것을 알아야 한다.

토지가치 상승률에서도 서울은 평균적으로 수위를 차지한다. 2015년부터 2017년 상반기까지 전국적으로 아파트 가격이 많이 올랐다. 서울시의 땅값은 이 기간 중 처음에는 지켜만 보다가 2016년 가을부터 왕창 올랐다. 강남구의 2종주거는 상권이 안 좋은 지역의 경우 평당 3,000만 원 선에서 약 1,000만 원이 뛰었다. 강남구 3종주거지역은 보통 5,000만 원 선이었는데 6,000만~7,000만 원 선으로 뛰었다. 영등포 준공업지역 이면지역의 빌라를 지을 수 있는 땅이 2,000만 원 선에서 1,000만 원이 뛰었다. 오류동 2종주거지역 1,500만 원짜리가 1,800만 원으로, 화곡동 2종주거지역도 1,500만 원에서 1,900만 원으로, 응암동 2종주거지역 1,500만 원짜리가

2,000만 원으로 뛰었다. 무려 20~30%가 뛴 것이다. 서울의 토지 100평짜리인 경우 인상된 금액만 5억 원에서 10억 원이나 된다.

　이 기간 동안 제주도에서는 도로를 낀 토지가 평당 100만 원에서 300만원까지 뛰기도 했지만 중국이 개인의 해외투자를 제한하고 제주도가 개발제한을 실시하자 땅값은 다시 하락세를 보이고 있다. 이런 지역은 환금성이 담보되지 않으므로 인상된 땅값을 앞으로도 유지하고 거래될 수 있느냐를 고려할 때 거품이 끼어 있다는 것을 알 수 있다. 그러나 서울은 다르다. 한 번 뛰면 좀처럼 내려가지 않는다. 환금성도 좋다. 서울 경계선은 온통 그린벨트로 묶여 있어서 도시가 확장될 수 없다. 이 점에서 희소가치가생긴다. 기반시설이니 편의시설이니 학군을 굳이 들이대지 않아도 서울의투자가치는 이처럼 구조적으로 굳건하다. 지방에 계신 분들은 자기 주변에서 투자를 시작하더라도 나중엔 수도권으로, 좀 더 돈이 모이면 서울로올 수밖에 없을 것이다. 서울의 주민 수와 경기도의 주민 수를 비교해보면거의 비슷하다. 각각 1,000만 명 선이다. 주택 수는 어떤가? 역시 비슷하다. 우리는 서울과 수도권을 비교할 때 항상 '비슷하다'라는 생각을 가지고있다. 그런데 면적은 어떤가? 경기도가 서울보다 17배 정도 크다. 어마어마한 차이다. 경기도의 17분의 1에 불과한 크기, 다윗에 불과한 서울이 골리앗인 경기도를 이기고 있다. 식상한 비교다. 이런 차이를 모르는 국민이어디 있을까? 필자가 제기하고자 하는 논점은 따로 있다. 한마디로 서울은'확장이 불가능한 가두리 양식장'이란 말이다. 가두리 양식장은 그 경계 안에 그물을 쳐두고 고기를 키우는 곳이다. 혹시라도 고기가 필요하면 그물안의 고기를 너무도 쉽게 잡을 수 있다. 양식장 크기가 작다고 마냥 확장하기가 쉽지 않다. 확장하려면 가두리를 추가하면 된다. 그런 예시가 바로 신도시다.

아무리 똑같은 크기의 양식장을 만든다 해도 그것이 서울을 대신할 수는 없다. 분당, 일산 아파트 가격이 초기에는 서울의 중간쯤까지 갔으나 지금은 서울의 최저 수준까지 내려갔다. 마음만 먹으면 확장이 가능한 신도시는 희소성이 없다. 2기 신도시와 여러 택지지구를 개발한 결과 신도시의 부동산 가치는 서울과 비교할 때 완연한 약세에 있다. 통일과 같은 획기적인 사건이 발생하지 않는 한 서울의 크기는 지금과 같은 수준을 유지할 개연성이 크다. 공간이 유한하니 공급도 유한하다. 유한하고 귀하므로 수요가 몰리고 가격이 끊임없이 오르는 것이다. 교통, 학군, 문화시설, 병원, 편의시설 등 모든 걸 완벽히 갖춘 곳, 나이 들어 귀농했다가 다시 돌아오는 곳, 이것이 서울에 투자해야 할 이유다.

서울시 40평 vs. 신도시 70평

제목은 서울시 강북권의 2종주거지역에 있는 40평짜리 토지 위에 지은 신축 원룸주택과 2기 신도시나 택지지구의 70평짜리 땅 위에 지어진 상가주택의 땅 크기 평균치를 단적으로 나타낸 평수이다. 서울 강북권의 단독주택들이 들어서있는 2종주거지역 대지 크기는 25~50평이 대세이다. 반면 신도시나 소형 택지지구에 가보면 요즘 핫한 점포 겸용 주택용지의 크기가 65~80평이 일반적이다.

위 비교대상 지역 각각의 토지 위에 2종주거지역에서 평균치로 적용할 만한 용적률인 175%를 적용하여 집을 지으면 40평 토지 위에는 연면적 70평을, 70평 토지 위에는 연면적 120평 정도를 짓는다. 땅 크기는 40:70, 건물 크기는 70:120이다.

그런데 이 두 집의 가치는 약 16억 원 선이다. 임대료는 서울에서는 450만 원 정도 나오고, 동탄2기 신도시의 상가주택에서도 450만 원 정도로 거의 같다. 한마디로 말하면 2기 신도시 신축 상가주택과 서울 강북권 신축

서울 강북권 16억 원대 원룸주택   2기 신도시 16억 원대 상가주택

원룸주택의 가격이 같은 경우 땅 크기는 40:70이라는 것이다. 신도시에서 넓고 럭셔리하게 살 만한 공간이냐, 서울 강북권에서 좀 비좁게 살면서 온갖 편의를 다 누릴 수 있는 곳이냐인데 부동산 가격은 같지만 평수는 이렇게 차이 난다. 위 그림은 서울강북권의 40평대 대지상의 16억 원대 원룸주택과 2기 신도시 70평대 대지상에 신축된 16억 원대 상가주택 예시다.

하나를 보면 열을 아는 독자는 금세 눈치를 챌 것이다. 이게 어디 비단 수익형 주택뿐이랴. 근생 건물도 비슷하다고 보면 된다. 40:70 비율은 서울 강북권에 있는 부동산과 신도시에 있는 부동산을 비교할 때 땅 크기가 이 정도일 때 부동산 가치가 비슷하다고 보면 거의 맞는다.

1기 신도시도 비슷하다. 서울 강북권과 비교할 때 매매가격이 같은 경우 땅 크기로 40:70을 적용할 수 있다. 다만 1기 신도시 매물의 단점은 지은 지 20년 전후인데 가격은 2기 신도시의 그것과 비슷하다는 것이다. 또한 1기 신도시의 한 가지 약점은 땅 평수는 비슷한데 층수는 3층이 대부분이라는 것이다. 2기 신도시의 이주자택지 대부분이 세대수 4~5가구로서 4층 주택이 가능한 반면 1기 신도시는 3~4세대로 제한되어 있어 3층 이하가 대부분이다. 1기 신도시 3층 주택은 임대료를 거둬들이는 연면적 크기는 2기 신도시 4층짜리보다 작으니 구조적으로 수익률이 낮다. 4층짜리 상가주택이 얻는 임대료를 3층짜리 상가주택이 물리적으로 도저히 따라잡을 수는 없는 것이다. 그러니 1기 신도시 상가주택의 임대수익률이 보통 2~3% 수준으로 낮은 편이다.

1기 신도시의 1종주거 택지 땅 가격은 2기 신도시 2종주거와 비슷하다. 1기 신도시는 2기 신도시보다는 나름 자부심이 강하다. 서울에 더 가깝고 인프라 구축이 더욱 완벽하고 상권이 안정되어있어 살기에 더없이 편하다. 그런데 1기 신도시의 상가주택은 3층이다. 위와 같은 1기 신도시의 장점을 감안하여 땅 가격은 2기 신도시 2종주거만큼은 되어야 한다고 믿는다. 2기 신도시의 4층 건물 대 1기 신도시의 3층 건물은 가치가 같아야 공평하다는 생각이다.

그러나 1기 신도시가 제아무리 애를 써도 1기 신도시의 3층짜리 상가주택은 용적률과 세대수 제한이라는 한계를 극복하지 못한 채 자존심만 반영된 가격으로 시장에 나타나고 있다. 수익률이 받쳐주지 않으니 좀처럼 거래가 어렵다.

대세는 원룸 건물 투자

서울에서 낡은 다가구주택을 매입하여 리모델링을 하려면 최소 자금이 6억 원은 있어야 가능하다. 서울 변두리에서 대지 30평짜리 다가구주택을 사려면 6억 원쯤 든다. 매입하는 부동산을 담보로 약 30%의 대출을 받을 수 있다. 대출받은 돈으로 리모델링을 하는 것이다.

신축을 하려면 그보다 자금이 조금 더 필요하다. 7억 원쯤 있어야 한다. 35평짜리 2종주거지역 토지를 평당 2,000만 원에 산다면 7억 원 아닌가. 신축을 할 때는 나대지 상태로 평가하므로 은행에서 대출을 좀 더 해준다. 현재는 지상에 낡은 주택이 있지만 그 주택을 장차 허물 것이므로 은행은 방마다 3,200만 원씩 공제해야 하는 최우선변제금을 고려할 필요가 없기 때문이다. 그러므로 매매가의 50% 정도인 3억 5,000만 원 정도의 대출이 가능하다. 이 돈으로 반지하 1층/지상 3층, 연면적 70~80평짜리 다중주택을 지을 수 있다. 신축비용이 약 4억 원쯤 들 것이다. 모자라는 5,000만 원은 준공 직후 건물을 담보로 대출을 받아 갚을 수 있다.

노후대비는 해야겠고 손에 쥔 돈은 3억 원 내지 잘해야 5억 원 이내인 사람들은 리모델링도 신축도 할 수 없는 상황이다. 그러던 중 손품 발품 모두 팔아보니 희망이 있다. 3억~5억 원으로 노후대비를 할 수 있는 방법이 생긴 것이다. 다음은 3억, 4억, 5억 원을 가진 투자자들이 노후대비를 할 수 있는 방법을 구체적인 매물을 제시하면서 설명하겠다.

　　다음 다중주택은 2017년 7월 필자가 접수한 매물이다. 영등포구 신길동 소재 2종주거 38평 대지에 2014년도에 신축한 연면적 72평의 다중주택이다. 원룸이 6개, 투룸이 4개, 방 3칸짜리 주인용 1세대로 구성되었다. 보증금 7억 7,300만 원에 월세 287만 원이 나온다. 매가 14억 2,000만 원이다. 융자 3억 7,000만 원을 인수할 경우 실투자금이 2억 7,700만 원이다. 월세 287만 원에서 3억 7,000만 원 융자분 이자 111만 원을 제하니 176만 원이 남는다. 실투자금 2억 7,700만 원에 취득세 3.5%와 중개비 등을 합한 6,000만 원을 더하면 3억 3,700만 원이다. 이 돈이 있으면 매월 월세로 176만 원을 얻을 수 있다. 여기에 당신의 연금 100만 원쯤 더하면 276만 원이 되니 은퇴한 노부부에게 소시민적 노후는 보장될 것이다.

　　이번엔 4억 원 후반의 투자 사례이다. 필자는 2017년 6월 친한 중개사로부터 신축 원룸주택을 매도해달라는 부탁을 받았다. 2호선 서울대입구역 인근 봉천동에 이제 막 신축해서 임대가 끝난 다중주택이었다. 이곳은 강남 접근성이 30분 이내여서 직장인들의 임대수요가 많다.

　　이 주택은 전체가 원룸과 1.5룸으로 꾸며졌다. 대지 39평, 연면적 60평, 매가 18억 7,000만 원이다. 약간 비탈진 곳에 반지하 층이 있고 지상 3층에 옥탑방도 있다. 원룸 17실과 1.5룸 2실을 두었다. 보증금 10억 2,500만

신길동 다중주택 14억 원 대

봉천동 원룸주택 19억 원 대

수유동 다중주택 12억 원 대

원에 월세 453만 원이다. 관리비 114만 원이 별도로 나온다. 융자가 4억 원이 끼어 있다. 자, 당신이 매수인이라면 얼마에 매입할 수 있겠는가? 매가 18억 7,000만 원에서 보증금 10억 2,500만 원과 융자금 4억 원을 제하니 차액이 4억 4,500만 원이다. 융자금 4억 원의 이자가 연리 3.5%이므로 매월 이자로 117만 원이 나간다. 월세 453만 원에서 이자 117만 원을 제하니 336만 원이 남는다. 당신이 거주할 곳이 따로 있으면서 매월 336만 원을 얻는다면 연금 100만 원 정도를 합하면 그럴싸한 삶을 꾸릴 수 있을 것이다.

서울에서 4억 5,000만 원으로 아파트를 전세로 얻는다면 강북권의 교통이 괜찮은 곳의 아파트 24~27평짜리를 얻는 데 불과할 것이다. 이 돈으로는 그저 남의 집에 전세로 얹혀사는 것으로 끝이다. 아무런 월세 수입도 발

생하지 않는다. 그런데 위와 같이 원룸에 투자하면 비록 옹색하지만 거주가 해결되고 더불어 최소 수준의 삶을 영위할 수 있는 생활비를 얻을 수 있지 않은가. 이렇게 3억~5억 원의 자금이 전부인 서민층을 위한 돌파구로 1~2인 가구 증가시대를 맞아 원룸주택은 훌륭한 노후대비책으로 부상하고 있는 것이다.

여윳돈이 5억 원쯤 되고 월수입 400만 원 정도 벌기를 기대한다면 좀 더 후미진 곳으로 가면 된다. 이 물건도 역시 2017년 5월에 필자가 중개 의뢰를 받은 건물이다. 강북구 수유동 소재 다중주택이다. 4호선 지하철 수유역에서 500m 거리로 도보 7분 거리이니 교통은 양호한 편이다. 이제 막 준공된 주택으로 대지 48평, 반지하 1층/지상 3층이며 연면적 90평이다. 원룸이 13개이고 탑 층에 방 3칸짜리 주인세대가 있다. 매가 12억 5,000

만 원이다. 주인세대는 전세 2억 원이고 원룸 13실에서 나오는 보증금은 1억 원에 월세 520만 원이다. 관리비로 70만 원이 별도로 나온다. 융자 4억 5,000만 원을 끼고 매입할 경우 매가 12억 5,000만 원에서 5,000만 원을 네고하면 12억 원이니 융자금 4억 5,000만 원이 든다. 여기에 취득세와 중개보수 약 5,000만 원을 더하면 실투자금으로 총 5억 원이면 가능하다. 4억 5,000만 원에 대한 이자 131만 원(연리 3.5%)을 제하면 389만 원이다. 당신이 따로 거주할 공간이 있다면 월 389만 원에 연금 보태면 500만 원쯤 되니 안정적인 노후를 맞이할 수 있을 것이다.

유행에 둔감하고
튀지 않아야 성공한다

우리나라가 G20급 위상을 갖추면서 세계적으로 인정받은 것이 하나 더 있다. 유행에 강하다는 것이다. 다른 나라들이 알아서 인정해준다. 우리는 유행을 선도하는 국가다. 더 이상 팔로워가 아니라 리더라는 것이다. 옷이든 화장품이든 자동차든 유행에 민감한 아이템은 우리나라에서 먼저 테스트해보고 그 결과를 반영하여 제품을 출시하면 세계에서 통하는 기준이 될 정도라고 하니 참 대단하다는 생각이 든다.

홍대 앞이나 가로수길에 나가보면 정말 미인들이 많다. 몸매, 얼굴, 패션… 어디 하나 흠잡을 데가 없는 여성들로 넘친다. 외국인 남성 관광객들의 입이 귀에 걸리고 눈이 사정없이 돌아간다. 뉴욕, 런던, 파리 어디를 가더라도 이렇게 멋진 여성들을 집단으로 구경하기는 어렵다. 이 두 동네가 어찌됐든 유행을 선도한다는 것은 사실이다.

유행을 좋아하는 민족답게 상권도 유행을 탄다. 1980~1990년대엔 이대 앞 상권이 떴다. 요즘은 어떤가? 허전하다. 압구정 로데오거리가 2000년

이마에 혹이 나온 건물

중세풍 건물

대에 성행한 이후 지금은 그 자리를 가로수길에 내줬다. 경리단길도 떴다. 이태원에서 분파하여 짧은 기간 한 시대를 풍미했다. 그러나 지금은 어떤가? 용산 미군 기지 이전이 2017년 9월 시작되었고 2018년 말이면 그 많던 미군들이 모두 사라진다. 상권은 완전 썰물이 될 형국이다. 이태원도 머지않은 미래에 같은 운명에 놓이게 될 것이다. 이태원은 태생적으로 미군 기지가 있는 기지촌이며 영어를 배우려는 학생들과 미국인과 사귀려고 모여든 여성들과 이국적인 분위기를 즐기려는 젊은이들로 북적이는 곳이 아닌가. 그렇게 흥하던 기지촌인데 미군부대의 평택 이전으로 이 지역 상권은 하루가 다르게 한산해질 가능성이 농후하다. 이전 후에도 먹거리, 즐길

거리는 그대로 존재할 것이므로 내국인과 국내 주재하는 외국인들이 찾아오기는 하겠지만 과거 블랙홀처럼 사람들을 끌어들이는 근간인 미군이 사라져버리고 나면 상권은 맥이 빠질 것이다.

단지 기분만 그러면 괜찮다. 문제는 당신이 그곳에 투자를 했을 경우다. 유행 따라 투자했는데 사람들이 썰물처럼 빠져나가고 상권이 쇠퇴할 조짐이 역력하다면 어떻게 할 것인가. 옷은 유행이 지나면 그 가치의 퇴색이 수십만 원에 불과하다. 패션 리더라면 그 정도는 감내할 만하다. 그런데 부동산 손해는 적어도 수억 원이 될 것이고 꼬마빌딩급이면 수십억 원을 할 것이다. 유행이 지나간 곳은 그 철옹성 같고 좀처럼 떨어지지 않고 오르기만 하던 땅값마저 떨어질 수 있다.

유행을 타는 상권 얘기는 접어두고 이제는 건물 패션에 대해 얘기해보자. 건물도 너무 튀면 좋지 않다. 건물 디자인과 내·외관 장식이 너무 독특하면 나중에 팔 때 임자 만날 확률이 떨어진다. 부동산 투자는 항상 출구를 생각하고 들어가야 한다. 옆 쪽의 사진들을 보라.

첫 번째 건물은 이마에 혹이 나 있다. 이 건물은 수도권의 택지지구 내 상가주택단지에 있다. 매우 독특하지 않은가? 처음에는 신기해서 자꾸 눈길이 간다. 획기적인 디자인이고 예술적 감각이 두드러진다고 볼 수 있겠다. 그런데 다시 생각해보면 '왜 굳이 저렇게 이상한 모양으로 지었을까' 하는 생각도 드는 건 필자만의 생각은 아닐 것이다.

두 번째 건물은 중세풍으로 지어졌다. 중세 유럽의 분위기를 좋아하는 사람에게는 좋겠지만 미니멀한 현대적 디자인을 원하는 매수인은 저런 디자인에 기겁한다. 이런 풍의 건물을 좋게 보는 사람이 절반이고 기피하는

너무 심플해서 식상한 건물   벽돌과 유리를 활용한 멋스러운 건물

사람이 절반이라면 그것은 실패작이라고 봐야 한다. 장차 이 건물을 사줄 사람의 표본이 절반에 그치면 제값에 제때에 팔릴 가능성도 절반으로 줄어든다.

　상단 사진 중 왼쪽 건물은 식상한 느낌이 든다. 우리가 주변에서 너무 흔하게 봐온 외관에다 다소 심심한 디자인이다. 이렇게 성의 없이 지으면 나중에 매매가 어렵다. 우측 건물은 패셔너블한 벽돌과 유리를 컬러 감각을 살려 예쁘게 지었다. 1층 가게도 살리면서 전면에 주차장을 두었다. 트렌디하고 남녀노소 누구에게나 무난하다. 이렇게 지어야 보유하는 동안 임대도 잘 나가고 매도할 때 쉽게 팔린다.

필자가 항상 주장하는 말이지만 부동산 투자는 언제든지 출구전략을 가지고 임해야 한다. 나 아니면 자식 대에서라도 팔아야 할 사정이 생길 수 있는 것이다. 팔아서 더 큰 건물에 투자를 하기 위해 팔 수도 있다. 팔려고 내놓으면 제때에 팔리는 것이 매우 중요한데 잘 팔리지 않으면 모든 계획이 틀어진다. 그렇기 때문에 건물을 지을 때 너무 튀지 않는 무난한 디자인으로 꾸미는 것이 좋다.

지주공동사업으로 빌딩 재테크하라

이 글을 읽는 독자나 주변인 중에는 자기 땅은 있는데 어찌할 바를 몰라서 속만 태우고 있는 이가 있을 것이다. 필자가 말하는 땅이라 함은 지상에 건축물이 없는 나지뿐만 아니라 당신이 살고 있는 단독주택일 수도 있고, 가건물로 지어놓은 상가건물일 수도 있고, 4~5층을 올릴 수 있는 2종주거 내지 3종주거일 수도 있다. 전기차가 대세로 떠오르면서 주유소가 급속히 사양화되는 이때에 이를 처분할지 아니면 직접 개발할지 고민되는 주유소 부지도 땅이다.

이런 땅들이 전문가의 손을 거쳐 지금보다 몇 배의 수익이 나는 부동산으로 재탄생할 수 있다. 자신의 땅 위에 건물이나 주택을 짓는 것뿐 아니라 시행사와 함께 개발해서 대중을 상대로 분양하고 환금할 수도 있다. 이렇게 해서 마련된 목돈으로 당신이 평소 꿈에 그리던 럭셔리 맨션이든 빌딩이든 무엇이든 지을 수도, 매입할 수도 있는 것이다.

여러분이 출퇴근길에 다니는 길목엔 "저 땅 주인은 이 좋은 곳에 부동산을 가지고 있으면서 왜 개발을 안 하지?"라는 생각을 해본 적이 있을 것이다. 상당수는 자기가 소유한 땅의 가치를 잘 알지 못할 수도 있고, 땅을 담보로 신축비용을 댄다는 것, 즉 빚을 진다는 것에 대하여 두려움이 큰 사람일 수도 있고, 개발업자의 꼬드김에 빠져서 혹시나 당할지도 모른다는 경계심 때문일 수도 있다. '내 대에 못하면 자식에게 물려주면 된다'라고 생각하는 지주들이 생각 외로 많다. 그만큼 부동산 활용에 대해 적절한 노하우가 없는 지주들이 넘쳐나고 있기 때문에 도시가 멋진 모습으로 개발되는 데 하염없이 세월이 걸리는 것이다.

개발을 하기는 해야겠는데 도대체 누구에게 의뢰해야 할까? 설계전문가인 건축사에게 의뢰할까? 건설을 잘하는 건설사에 의뢰할까? 미안하지만 둘 다 아니다. 건축사는 건축주가 원하는 대로 설계도면을 그려주는 사람이다. 가끔은 자신의 아이디어를 제시하기도 하지만 그 건물이 어떤 방향으로 가야 최고의 효율을 낼지에 대해서는 나서기를 꺼려한다. 나중에 책임질 일을 굳이 만들지 않는다. 건설사는 주어진 설계에 맞추어 견적을 내고 신축해주는 회사다. 자문이라고 해봐야 피상적인 조언에 그친다.

그 땅의 최유효이용을 가장 잘 아는 사람은 바로 상권 전문가이다. 도심상권이든 교외상권이든 동네상권이든 수많은 수익형 부동산을 다뤄본 경험에서 우러난 감각이 있는 사람이어야 한다. 이런 물건들을 끊임없이 취급하다 보면 어떤 물건은 MD 구성*이 잘되어 있어서 쉽게 팔리고 어떤 물

---

* MD란 'Merchandising Display'의 약자로서 백화점의 물건 진열방식에서 유래한 것을 응용했다. 건물의 매 층과 호수마다 어떤 식으로 구색을 맞추어 임차인을 구성해야 최고의 임대수입을 얻을 수 있는지를 연구, 그 결과를 제시하는 기법으로 상가건물이나 주상복합 개발 시 특히 중요하다.

건은 MD 구성이 형편없어서 잘 팔리지 않을 뿐 아니라 가격을 낮춰도 쉽게 임자가 나타나지 않는 것을 목격한 사람이다. 수익형 부동산을 중개하면서 개발 경험도 있는 필자와 같은 사람이거나 지주공동사업을 업으로 해본 분들이 적임자라 할 수 있다. 이런 사람만이 입지분석과 상권분석을 통하여 제대로 된 해법을 제시할 수 있다.

대로변이 무조건 좋다고 생각하는 사람 중에는 1번 국도인 10차선 시흥대로변처럼 널따란 도로변에 커피숍이나 우량 프랜차이즈 점포를 입점시키면 좋을 것이라 생각할 수 있다. 단독주택과 다가구주택, 빌라들이 빼곡한 주거지역에 상가가 귀하니 그곳에 상가주택을 지으면 1층 임대가 잘 될 것이라고 생각할 수도 있다. 전철역에서 1km쯤 떨어져 있지만 뒤편에 공원이 있고 한적하여 주거환경이 좋으니 원룸을 지으면 임대가 잘 될 것이라 믿는 사람도 있다.

이렇게 하면 실패할 것이다. 작은 점포는 대로변 입지와 맞지 않는다. 차만 쌩쌩 지나가고 보행자는 드물다. 차타고 가다가 눈에 확 띌 정도의 자동차 전시장이거나 은행처럼 건물 앞 또는 뒤에 주차할 수 있는 공간이 확보된 큰 건물이 좋다. 주택들이 밀집된 지역의 1층 상가는 장사가 잘 안 된다. 그 동네에서 나름대로 상권이 발달된 곳으로 가야 한다. 점포가 귀한 지역은 장사가 안 되기 때문이다. 역에서 도보 10분 이상 떨어진 곳에는 아무리 주거환경이 뛰어나도 직장인들이 들어오려 하지 않는다. 주변에 술 한잔 할 곳도 있고 걷기에 지겹다는 생각이 들지 않을 정도의 거리여야 원룸도 임대가 된다. 이런 점들을 모두 고려하여 MD 구성을 해야 한다.

내가 가진 땅을 가장 잘 활용하려면 먼저 그 입지에 맞는 MD 구성이 선행되어야 하고, 그 다음엔 가설계를 떠서 용적률과 주차장 확보 등에 대한 해법을 찾아야 한다. 동시에 수지분석을 해야 한다. 층마다 얻을 수 있는 임대료가 얼마나 되는지, 자신이 거주할 수도 있고 전체를 임대할 수도 있으므로 이런 조건에 맞게 시뮬레이션해서 임대수입을 계산한다. 이렇게 산출된 임대료를 바탕으로 건물가치를 산출할 수 있다. 내 땅의 가치를 시세에 맞추어 원가에 투입하고 여기에 신축비용을 더하여 본전이 얼마인지 확인한 후 신축 후의 건물가치를 산출한 값에서 본전을 빼면 시세차익이 얼마인지 알 수 있다. 임대료에서 신축비용을 위해서 빌린 융자금의 이자를 제한 금액을 기초로 보유하는 기간 동안 임대수입을 추산해볼 수 있다.

예비 지주공동사업자들에게 한마디 팁을 전한다면 2종주거지역의 30~50평짜리 단독주택을 가진 사람은 다중주택이나 다가구주택을 지어 원룸 임대사업도 추천할 만하다. 60~80평짜리 땅이라면 빌라를 지어 분양하여 수익금을 나누고 한두 채는 대물로 받아 자신과 자식이 살 집으로 사용할 수도 있다. 상권이 발달된 지역의 3종주거나 준주거, 준공업지역인 경우 근생 건물이나 상가주택을 지을 수 있을 것이다.

필자가 누누이 강조하지만 부동산 투자는 하나의 비즈니스라고 생각하는 것이 좋다. 부업으로 시작한 부동산 투자가 나중에는 본업보다 훨씬 큰 수익을 내주는 비즈니스가 되는 경우를 필자는 수없이 보고 있고 또한 필자를 찾아온 투자자들을 그렇게 만들어주고 있다. 사행심에 기대지 않은 정직한 투자, 물가상승을 자동적으로 헷지하는 투자 등의 방법으로 말이다. 은퇴 후 여생을 어떻게 하면 젊을 때보다 더 멋지게 보낼까 궁리하는 것이 유일한 고민거리인 행복한 삶을 영위하려면 부동산 투자, 이왕이면

7~8층이 가능한 준주거지역 먹자골목
빌딩들 사이에 낀 2층 단독주택

7~8층이 가능한 준공업지역 먹자상권에 2~3층
근생 건물들로 빼곡한 모습

수익형 부동산 투자를 생활화해서 성공한 비즈니스맨이 되길 바란다.

위의 사진은 최유효이용을 못하고 있는 상권이 잘 발달된 지역의 저층 건물들 모습이다. 저런 건물을 가지고 있는 분들이 생각을 조금만 바꾸면 건물도 신축하거나 리모델링해서 깔끔해지고 임대 수입도 늘어나 아주 편안하고 여유롭게 살 수 있을 텐데, 그게 잘 안 된다.

아파트 시장과
수익형 부동산 시장은 다르다

우리나라 매스컴에서 '부동산 시장'이라는 이슈가 제목으로 나오면 십중팔구는 아파트 얘기다. 사실 따지고 보면 아파트 시장 얘기를 하는 데 굳이 주택, 토지, 수익형 부동산을 통칭하는 '부동산 시장'을 들먹일 필요 없이 그냥 '아파트 시장 동향' 정도로 제목을 달면 될 텐데도 무조건 부동산 시장이라고 거의 습관적으로 제목을 단다. 수익형 부동산 시장 동향을 파악하려고 마음먹은 독자들은 실망한다. 왜 수익형 부동산 동향은 맨날 곁다리 취급만 하고 제대로 된 정보 제공은 안 해주냐고 말이다. 우리나라 부동산 시장에서 아파트가 차지하는 비율이 높기는 하다. 인정한다. 약 70%쯤 된다. 그 나머지는 수익형 부동산이거나 토지시장이다. 부동산 시장의 30%에 불과하여 비주류로 치부될 수는 있겠지만 이곳은 참가자들은 뭘 좀 아는 '선수'들의 시장이다. 아파트는 누구든 관심이 크고 쉽게 다가갈 수 있고 친숙한 항목이다. 가격도 공정한 편이고 편차도 적다. 선수든 아마추어든 객관적이고 공정한 정보를 얻기가 용이하다.

반면, 토지는 도깨비 시장이다. 가치를 매기는 데 믿을 만한 척도나 객관적 도구가 없다. 기껏해야 공시지가의 두 배를 대입하거나 세 배를 대입하여 가치를 가늠해보는 것이 최선이다. 시골의 농지는 공시지가 대입만으로는 답이 안 나온다. 이장님을 찾아가서 물어봐야 대충 감을 잡을 수 있다. 한적한 도로변의 땅은 치장하기에 따라 가격이 달라진다. 이 땅을 대지로 만들기 위해서 개발행위허가를 받고 농지전용분담금도 내고 토목공사비 등 들어갈 돈이 만만치 않다. 선수가 아니고선 옥석을 가려내기가 정말 어렵다.

수익형 부동산 시장은 좀 낫다. 수익형 부동산은 말 그대로 수익성을 최고로 쳐주는 부동산이니 수익률과 미래가치 등을 견주어서 가치를 평가한다. 임대수익률을 보면 어떤 것은 2%에 불과한데도 개발호재를 비롯한 내재가치가 높아 좋은 물건이라며 중개사는 열변을 토한다. 어떤 물건은 요즘 보기 드문 수익률 5% 이상인데도 임대료가 진짜인지 믿기지가 않고 뭔가 찜찜한 구석도 있는 듯해서 영 마음이 동하지 않는 경우도 있다.

부동산 시장에서 아파트가 차지하는 비율이 워낙 크다 보니 정부 정책도 아파트 시장 위주로 세워진다. 이 점은 수익형 부동산을 추구하는 투자자들에게는 이점이 있기도 하다. 집단대출 제재, LTV&DTI 규제, 투기과열지구 지정 등 투기억제정책이 모조리 아파트에 맞춰져 있다. 정부가 아파트 대출을 조이면 수익형 부동산 투자자들은 의례적으로 수익형 부동산 대출도 조일 것이라고 짐작한다. 그러나 부동산 시장의 30%에 불과한 시장까지 압박한다면 내수경기 전반에까지 악영향이 미칠 것이다. 이는 정부가 결코 원하는 바가 아니다. 그래서 이 시장은 웬만하면 정부의 규제에서 벗어난 무풍지대로 남는다.

수익형 부동산에는 건물주의 민생고가 달려 있다. 아파트처럼 거주하면서 5년 주기로 가격이 오르기를 바라는 상품이 아니라 매월 임대수입이 발생하여 그 돈으로 생활을 해야 하는 부동산이므로 아파트처럼 열풍에 휩쓸리지도 않고 아파트가 떨어지는 시기에도 수익률을 유지하는 한 가격도 강세를 유지한다.

수익형 부동산은 아파트 가격이 투기 바람을 타고 쭉쭉 오른다고 덩달아 감염되지도 않는다. 반대로 아파트가 약세라고 해서 똑같이 약세를 유지하지도 않는다. 오직 수익률이 이자율 변동에 따라 오르내리면서 적정수익률 수준에서 분양가격과 매매가격이 보이지 않는 손에 의해 자동적으로 맞춰져서 거래가 된다. 임대료가 내려가지 않는 한 가격도 내려가지 않는다. 그러나 임대료가 올라가거나 땅값이 올라가면 가격은 반드시 올라가는 시장이 바로 수익형 부동산 시장이다.

PART

02

문재인 시대 틈새 시장 빌라에 투자하라

문재인 정부
도시재생사업에 편승하라

　문재인 정부의 핵심 부동산 공약이 바로 도시재생사업이다. 50조 원을 5년에 걸쳐 낙후된 도심지역에 투자한다는 계획이다. 이 사업 내용을 들여다보면 도시재생지역으로 지정된 곳을 전면 철거 후 신축하는 개발이 아니라 그 지역의 세부적인 개발은 민간이 하되 정부는 도로를 정비해주고 어린이집을 지어주고 부족한 마을 주차장을 확보해주는 등 생활환경을 개선해주는 사업이다. 이 사업을 통하여 혜택을 받는 곳은 개발이 낙후된 지역 즉, 빌라가 밀집된 지역도 포함된다. 이런 지역 중 이 책에서 이어지는 '빌라 투자 유망지역'을 선택해서 투자한다면 좋은 결실을 얻을 수 있을 것이다.

　국민 다수의 소박한 꿈은 아파트 한 채 갖기다. 소형이든 중대형이든 아파트는 실수요가 탄탄하다. 국민 모두가 실수요자다. 집이 없으면 소형 아파트라도 마련해야 하고, 있다면 좀 나은 동네의 더 넓은 평수로 키워가려고 한다. 그런데 빌라가 꿈인 경우는 드물다. 하지만 그럼에도 빌라는 꼭 필요하다. 서민들의 안식처이자 내 집 마련으로 가는 여정에 많은 이들이 거쳐 가는 정거장 같은 곳이다.

지난 30년 동안 다가구주택이 서민들의 보금자리 역할을 해왔지만 이제 낡은 집을 허물고 신축할 때는 다가구주택이 아닌 빌라 형태로 탈바꿈하고 있는 것이 현실이다. 재개발구역에서 해제된 곳에 가보라. 정부는 재개발구역으로 묶였던 곳을 주민 동의가 미달되고 재산권 침해를 해소한다는 이유로 아무런 대책 없이 지구 지정을 해제했다. 답답한 심정으로 지켜보던 지주들이 자구책으로 신축에 나선 결과는 원룸주택, 상가주택 아니면 모조리 빌라다. 이는 1~2인 가구 증가 및 아파트 가격 급등에 따른 자연적인 대안 찾기의 결과이기도 하다. 아파트가 안 되면 차선책으로 빌라를 찾는 것이다.

오피스텔은 대개 교통은 좋지만 관리비가 비싸고 베란다가 없어 불편하다. 반면, 요즘 신축되는 빌라는 아파트에 준한 시설을 갖추고 있고 세대별 사생활도 보장된다. 다가구처럼 사생활이 제대로 보장되지 않는 주거형태는 앞으로 시장에서 급속히 퇴출될 것이다. 이런 시장의 요구에 맞추어 다가구주택은 빌라로 재건축되어 지속적으로 공급될 전망이다.

이런 상황에서 누군가는 빌라를 사줘야 하는데 실수요가 약하다. 빌라 투자자는 대개 종잣돈 2,000만~3,000만 원으로 하는 갭투자자들이 많다. 두 채 이상을 사들이면 자연스럽게 다주택자가 된다. 아파트와는 차원이 다르다. 투자금액과 시세차익에서 비교가 안 된다. 빌라 다주택자는 서슬 퍼런 정부가 도끼눈 뜨고 노려보는 아파트 투기범과는 성격이 다르다.

한 번 생각해보자. 누구도 기꺼이 사려들지 않는 상품을 사서 이를 서민들이 거주할 공간으로 제공해준다. 어찌 보면 고마운 사람들이다. 이들이 알뜰하게 모은 돈으로 빌라에 갭투자하여 부동산 투자실적으로는 푼돈이라고 할 수 있는 2,000만~3,000만 원을 버는 것이 잘못된 일인가?

정부의 2주택자에 대한 양도세 10% 중과, 3주택이상자에 대한 20% 중과를 고려해도 빌라 투자로 양도차익 2,000만~3,000만 원이 발생한 경우 세금을 계산해보면 그리 크지 않다. 양도세는 차익이 클수록 높은 세율을 적용하는 체계이므로 이 정도 작은 양도차익에는 세금도 적다.

문재인 정부 동안은 주요 지역의 아파트 투자로 재미 보기는 어려울 것이다. 대안은 수익형 부동산 투자다. 인프라가 좋은 입지의 신축빌라 투자도 소액 투자로 하나의 좋은 대안이 될 것이라 확신하며 빌라 얘기를 시작해보겠다.

지금은
빌라 투자 황금기

2015년부터 2017년 상반기까지 아파트 값이 무척 올랐다. 한편, 토지 값은 2016년 하반기에 왕창 올랐다. 서울의 경우 빌라를 지을 만한 땅값이 평균 25%쯤 올랐다. 서울 강북권 변두리의 2종일반주거 땅이 평당 1,500만 원짜리가 1,800만 원이 되고, 영등포의 전철역에서 500m쯤 떨어진 곳의 준공업지 1,800만 원짜리가 2,800만 원이 되었다. 강남구 도산공원 인근의 한적한 골목상권의 2종주거 상가주택 토지가 1년 전 3,500만 원 하던 것이 4,500만 원이 되고 영동시장 부근의 2종주거 동네상권 토지가 5,000만~6,000만 원을 호가한다. 강남구의 웬만한 지역의 3종주거 땅값은 2년 전 5,000만 원 하던 것이 7,000만 원을 넘나든다. 이처럼 토지는 한번 뛰면 평당 500만 원 내지 1,000만 원씩 뛴다. 이후 약 5년쯤은 물가 수준으로 조금씩 오른다.

필자가 빌라 투자의 황금기를 지금으로 보는 이유는 다음과 같다. 빌라 업자가 신축을 위해 낡은 단독주택이나 다가구주택이 있는 땅을 계약하면

고급 외관 빌라

분양 중인 빌라

잔금 정산하는 최종 시점까지 2~3개월이 걸린다. 그 주택에 건물주만 거주하는 경우 잔금 직후 착공이 가능하겠지만 대개는 임차인들이 몇 명씩 있어서 이들을 내보내는 데 3~4개월이 걸린다. 보통 임차인들을 명도하고 나서 1~2개월 내 착공한다. 그리고 착공 후 준공까지 5~6개월이면 끝난다. 2016년 하반기에 땅값이 급등하기 전에 비교적 저렴한 가격으로 매물을 사들인 빌라업자는 임차인 잔금을 치르고 명도하는 데까지 2017년 상반기를 보내고 하반기에 착공하면서 분양을 시작한다. 2017년도에 분양하는 물건은 분양가가 비교적 적정치 수준에 머무를 것이다. 또한 문재인 정부의 초강력 규제를 담은 8·2 부동산 대책으로 서울 요지의 아파트 투자로 재미 보기는 어렵게 되었다. 자신 소유의 아파트를 담보로 대출받아서 또 다른 아파트를 갭투자로 사기도 어렵게 되었다. 차선책으로 역세권의 각종 편의시설을 갖춘 신축빌라 투자는 실수요자의 경우 대출규제를 피할 수 있고, 갭투자의 경우 2,000만~3,000만 원의 종잣돈으로 투자가 가능하다. 현 정부가 의욕적으로 추진 중인 도심재생 정책이 펼쳐질 곳에 들어서는 신축빌라도 좋은 투자대상이다. 도시재생사업이 완료되면 현저하게 개선되는 주거환경으로 미래가치가 높아질 것임은 쉽게 집작할 수 있을 것이다.

블루오션 빌라의 진화

　서울시내 역세권에서 준공된 지 10년 이하의 웬만한 24평형 아파트의 시세는 약 5억 원쯤 한다. 평당 2,000만 원 선이다. 아파트 24평형은 방 2칸에 거실 1개 형태다. 3인 가구의 사생활이 보장되며 사는 데 필요한 적당한 공간이다. 그런데 5억 원씩이나 되니 월급쟁이가 융자 없이 저축만으로 마련하는 것은 상당히 어렵다. 소형 아파트의 경우 시행사 입장에서는 수지가 좋지 않아서 공급을 꺼린다. 이러한 공급 불균형으로 소형 아파트는 앞으로도 꾸준히 강세를 보일 전망이다. 이런 현실에서 그래도 비교적 쉽게 내 집 마련이 가능한 대체제가 바로 빌라다. 잘만 고르면 블루오션이 되기도 한다.

　'빌라' 하면 서래마을이나 청담동 등 부촌에 있는 수십억 원대 고급빌라도 있지만 이 책에서 말하는 빌라는 서민의 보금자리, 집들이하기엔 부끄러워 감추고 싶은 집, 재개발 투자의 단골 메뉴로 등장하는 빌라를 말한다.

　아파트 전문가들 중 빌라는 절대로 사면 안 된다고 말하는 이가 한둘이 아니다. "이왕 사는 것이라면 아파트를 사지 왜 빌라를 사느냐? 빌라를 사면 안 오르고 출구전략이 힘들다" 등 온통 빌라 투자를 만류하는 기류다. 하지만 세상이 발전된 만큼 빌라도 상당히 진화했다. 역세권에 학군과 편의시설도 잘 갖춘 경쟁력 있는 빌라들도 많아졌는데, 이런 변화를 잘 모르고 알아보려는 시도는 하지 않은 채 빌라를 무조건 삐딱하게만 보는 선입견이 견고하다.

이런 와중에 필자는 빌라 투자를 논하고자 한다. "인기 없는 투자종목을 가지고 무슨 영화를 보겠다고 나서냐"라고 핀잔을 주는 독자들도 있겠지만 빌라 투자가 무조건 회피대상만은 아니라는 것을 차제에 알리고 싶은 것이다. 그만큼 필자는 빌라에 대해 지난 수년간 심층 경험하고 분석해서 성공적인 투자를 안내한 결과, 빌라도 잘 고르면 나름대로 가치 있는 투자가 될 수 있다는 확신이 들어 이 장에서 빌라 투자의 모든 것을 전하고자

빌라란?

이 책에서 말하는 '빌라'란 연립주택과 다세대주택을 구분하지 않고 통칭하는 개념으로 정의한다. 연면적이 1동당 660㎡(200평)을 초과하면서 4층 이하의 공동주택을 일컫는 연립주택이든, 1동당 연면적이 660㎡(200평) 이하이면서 4층 이하의 공동주택인 다세대주택이든 불문하고 이 모두를 '빌라'라고 부를 것이다. 구분 등기하여 거래되는 공동주택이지만 오직 1동당 연면적이 200평을 넘느냐 마느냐에 따라 연립이냐 다세대냐로 불릴 뿐 본질은 같은 것이니 투자자 입장에서는 굳이 이를 구분하여 칭할 필요는 없다고 본 것이다. 그저 '내 투자에 돈되는 게 뭐냐'가 중요하지 않겠는가.
최근 재테크 책에서 주된 주제로 다루어지지 않았던 빌라 투자에 대하여 논하기 전에 빌라가 어떻게 진화해왔는지부터 살펴보자.

1970~1980년대
2층 단지형 빌라

한다. 부동산 재테크에 관심 있는 사람이라면 대중의 선입견에 얽매이지
말고 열린 마음으로 일단 이 글을 읽어보고 판단하길 바란다.

빌라의 진화

필자는 빌라가 우리 눈앞에 나타난 1970~1980년대부터 지금까지를 4
세대로 구분하여 개괄해보겠다. 1세대는 1970~1980년대로 본다. 이때는
아파트도 공급되기 시작한 초창기이므로 지금처럼 빌라가 흔하게 눈에 띄
지 않은 때였다. 이 당시 빌라는 도시 변두리의 서민 밀집 지역에 연립주택
형태로 공급되었다. 대개 2층짜리 여러 동으로 구성된 단지형 빌라가 주류
를 이루었다. 창문 유리도 홑겹이고, 새시도 조악하여 바람도 숭숭 들어오

1990년대 단독형 빌라   2000년대 필로티 구조   2015년대 현대식 빌라

고, 비가 오면 창틈으로 물이 새는 경우도 많아서 서민들의 애환이 들끓던 보금자리였다.

2세대는 90년대라 할 수 있겠다. 이때부터는 단지형 빌라보다는 단독형 빌라가 공급되었다. 88올림픽 이후 서울과 수도권에 아파트가 집중적으로 건설되었고 1기 신도시가 탄생한 시기이다. 이 당시 도시지역의 50평, 70평, 100평짜리 땅이 매물로 나오면 빌라 업자들이 사들여 8세대, 12세대 등으로 구성된 빌라 1동짜리를 지어댔다. 이당시 건물 외벽은 빨강색 벽돌로 마감하는 것이 유행이었다. 1층부터 4층까지 엘리베이터가 없는 구조였다.

3세대는 2000년대 마이카_my car 시대다. 세대별 1대씩 주차대수를 맞추기 위하여 1층을 필로티 구조로 건축했고 주차할 공간을 만들어 공급하기 시작한 것이다. 건물 외벽은 대리석으로 마감해서 나름대로 건물 외관에 멋을 부리기 시작했다.

4세대는 2015년 이후로 본다. 바로 현대 시점이다. 빌라도 많이 진화해서 그동안 서민을 위한 마지못한 공간에 그치지 않고 이제는 평범한 소시민이 거주하기에 손색이 없는 주거형태로 재탄생한 것이다. 인테리어 수준도 웬만한 아파트와 다를 바 없고 최신식 구조와 시스템 에어컨, 각종 가구들도 빌트인built-in으로 제공된다. 1세대 1주차는 물론이고 엘리베이터, CCTV, 1층 보안문도 갖추고 있다. 지금은 서민뿐만 아니라 번듯한 직장을 가진 중산층 신혼부부들도 서슴없이 선택하는 거처가 되기에 이르렀다. 1층 주차장에는 외제차도 자주 눈에 띌 정도다.

빌라의 면적과 시세

빌라는 분양평수 기준이 고무줄같이 줄기도 하고 늘기도 한다. 방 2칸, 거실 1개, 화장실 1개로 구성된 빌라에 대하여 분양사는 18평형이라 말하기도 하고 어떤 이는 24평형이라 선전하기도 하지만 막상 내부에 들어가서 살펴보면 '애걔걔' 수준이다. 실제로 이런 빌라의 실평수는 9~10평이며 여기에 발코니 면적 3~4평을 확장하여 실사용 면적이 12~14평이 되는 게 일반적이다. 대지지분은 평균 6평으로 보면 된다.

방 2칸짜리 빌라 분양가는 서울시내 전철역 5분 거리 기준으로 2억 1,000만~2억 9,000만 원 수준이고 강남권은 3억 3,000만~3억 9,000만 원 선이다. 전세가는 분양가의 85~90% 수준이다. 매가 2억 5,000만 원짜리 전세가는 2억 2,000만 원 전후요 3억 3,000만 원짜리의 전세가는 3억 원 정도 한다.

방 3칸짜리 빌라는 흔히 33평형대 아파트와 비슷하다고 분양사들이 광고하지만 실평수는 편차가 매우 크다. 방 2칸짜리는 건축업자는 달라도 실면적은 비슷하지만 방 3칸짜리는 제각각이다. 왜냐하면 땅 모양, 부지 크기, 용적률에 따른 설계에 따라 어떤 것은 실평수가 18평이 되기도 하고 또 어떤 것은 22평이 되기도 한다.

분양가도 천차만별이다. 강북권 기준 3억 3,000만~4억 5,000만 원, 강남권은 4억~6억 원 선까지 다양하다. 전세가는 분양가의 80% 전후로 보면 된다.

빌라 투자 7계명

　빌라 투자는 틈새시장으로 잘만 고르면 블루오션이라 했는데 레드오션이 되지 않고 진정으로 블루오션이 되기 위해서는 다음 7계명을 따르는 것이 좋겠다. 신축빌라면서 가급적이면 단지형 빌라이고, 전철역에서 500m 이내에 위치하고, 주변에 초등학교가 있어야 하며, 빌라가 드문 지역인 3종주거이거나 준공업지역이면 더욱 좋겠고, 대형마트나 재래시장 또는 백화점 같은 생활편의시설이 근거리에 있는 곳의 빌라를 잡되 투자 후 4년쯤 지나면 처분하는 것이다.

　첫째, 신축빌라를 잡아야 한다. 준공된 지 10년 이내인 신축빌라라 하더라도 2015년 이전에 지어진 빌라와 이후에 지어진 빌라는 세대차이가 난다. 이전과 이후의 기준점을 꼭 2015년이라고 못 박을 수는 없겠지만 분명히 전반적인 내장재나 외장재, 구비시설 등에서 차이가 난다. 2015년 이후 지어진 빌라들은 아파트에 준한 시설을 갖추었다. 주차대수도 세대별로 거의 1대씩 갖추었고 엘리베이터도 기본이다. 감시카메라, 보안시설, 빌트인 가구, 단열, 방음, 방수 등 현대인의 거주에 적합한 조건들을 갖추려 애썼다.

둘째, 단지형 빌라가 좋다. 요즘 지어지는 빌라는 대개 1동짜리가 대부분이다. 빌라업자들은 60~70평짜리 땅 매물이 나오면 여기에 빌라 1동을 짓는다. 120~140평짜리 매물이 나와야 2동을 지을 수 있다. 기존에 단지형 빌라가 있던 것을 재건축하지 않는 한 2동 이상을 지을 수 있는 토지 매물이 드물다. 그런데 2동 이상의 빌라가 단지를 이루어 시장에 나오는 경우가 있다. 이런 단지형 빌라는 임차인 수배나 매도에도 분명히 유리하다. 아파트도 나 홀로보다는 여러 동이 있는 단지를 더 가치 있게 평가해주는 이치와 같다. 아파트 단지에 비할 바는 못 되지만 2동 이상으로 공급되는 단지는 임차인의 선호도가 크고 관리비도 상대적으로 적으므로 빌라시장에서는 분명히 장점인 것이다.

셋째, 전철역이 500m 이내에 있다면 교통은 합격이다. 500m는 도보로 7~8분 거리다. 이 정도 거리는 우리가 흔히 역세권이라 부른다. 눈비가 와도 걷기에 지겹다는 생각이 들지 않을 만한 거리가 500m 이내다. 경우에 따라서는 600m도 있고 700m 거리도 있을 것이다. 이런 거리는 500m가 넘으니 무조건 부적합하다고 말하기는 곤란하다. 역에서 약간 멀지만 주거환경이 좋다면 이 역시 괜찮다고 볼 수 있을 것이다.

넷째, 초등학교가 근거리에 있으면 역시 합격이다. 빌라 거주자들은 대개 신혼부부이거나 젊은 층이다. 일부 저소득 노년층도 있지만 30~40대 젊은 층이 대부분이다. 이들이 빌라에 거주하는 동안 자녀는 유치원 내지 기껏해야 초등학교에 다닌다. 그러므로 초등학교가 아동이 걸어갈 수 있

멋 부린 신축빌라　　　　단지형 빌라

는 위치에 있는 것이 중요하다. 과거 필자가 시골에서 초등학교에 다닐 때
는 2km 이상 걸어서 통학하는 것도 당연하게 생각했지만 지금 이렇게 먼
거리를 아동이 도보로 통학하기를 기대하는 것은 무리가 있다. 도시지역
에서는 통학 거리가 300m 이내면 최상이고 500m까지는 무난하다.

　다섯째, 용도지역이 3종주거지역이거나 준공업지역이면 추천할 만하
다. 빌라는 거의 2종주거지역에 집중되어 있다. 이 지역은 대개 전철역에
서 500m 이상 떨어져 있기 일쑤다. 경우에 따라서는 마을버스 타고 몇 정
거장 가야 하는 지역이기도 하다. 이런 곳에는 동네 전체가 온통 빌라나 다
가구주택들로 밀집되어 있고 낡은 빌라와 신축빌라가 혼재되어 있어서 신
축빌라라 하더라도 귀한 대접을 받기 어렵다. 그런데 3종주거지역이나 준
공업지역은 애당초 빌라와 친하지 않아 빌라가 귀한 지역이다. 3종주거지
역은 전철역과도 가까운 편이고 고층아파트나 상가주택, 근생 건물들이
주류를 이룬다.

3종주거지역의 건폐율 상한이 50%이므로 100평에 빌라를 지으면 층당 50평 이하일 수밖에 없다. 빌라업자는 층당 60평이 나와야 좋은데 50평만 나오니 골치가 아프다. 왜 골치가 아프냐면 과거에는 빌라를 1층부터 4층까지 필로티 없이 그대로 올렸다. 엘리베이터가 없어도 4층은 걸어서 올라갈 만하기도 하고 4층까지는 건축법상 엘리베이터를 넣을 의무가 없기 때문에 그렇게 지었던 것이다. 그런데 3종주거는 층당 면적도 2종주거 대비 10%가 적게 나오는 대신 용적률은 2종주거보다 50%가 많은 250%가 가능하여 5층까지 올릴 수 있는 장점은 있지만 빌라업자에게는 5층을 올리는 것이 장점이 아니라 단점으로 작용했다. 5층부터는 엘리베이터를 넣어야 하므로 건축비가 더 들어가서 채산성이 2종주거보다 안 좋다. 그런 이유로 최근까지도 3종주거지역에는 빌라가 들어서지 않았던 것이다.

오세훈 시장 시절에 서울시의 낡은 구역들은 온통 뉴타운이나 재개발구역으로 지정되었다. 이렇게 지정되면 개발이 제한되기 마련이다. 이렇게 구역으로 지정되면 재개발을 위한 절차를 밟아야 하는데 이 과정마다 주민의 일정 수준 이상의 동의가 필요하다. 많은 구역들이 동의율 미달로 개발사업이 표류하면서 수년째 오도 가도 못하고 재산권 침해가 발생되자 박원순 시장이 구역 지정을 풀어준 것이다. 이렇게 개발제한에서 풀린 지역 안에 3종주거지역이 상당한 부분을 차지하고 있다.

개발이 가능해지자 지주들은 각자도생의 길로 나섰다. 필지 면적이 20~30평대로 작은 것들은 2~3필지를 묶어서 함께 팔면 그 자리에 빌라가 들어서게 된다. 3종주거지역은 빌라를 신축해도 5층 이상이 되고 당연히 엘리베이터가 들어가므로 거주자들이 고층까지 걸어 다니지 않아도 되는 것이다. 이렇게 풀린 3종주거지역에는 빌라 공급이 적고 공급 속도가 느리므로 빌라 간 경쟁이 낮은 편이다. 역에서도 가까우면 빌라도 귀한 매물이기에 신축빌라는 귀한 대접을 받을 수 있게 된 것이다.

준공업지역도 마찬가지다. 준공업지역은 서울의 모든 구에 있는 것이 아니다. 영등포구, 강서구, 구로구, 금천구, 성동구, 도봉구 등에 한정되어 있다. 준공업지역에도 전통적으로 빌라가 거의 없다. 크고 작은 공장들이 있고 아파트도 있고 상가건물도 있지만 빌라는 매우 드물다. 이런 곳에 빌라를 지으면 다세대주택으로 된 층이 5개 층 정도 되고 한두 층은 오피스텔로 구성된다. 6층 내지 8층까지 올릴 수 있어 빌라업체로서는 채산성도 좋게 나온다. 이런 지역 역시 역에서 가깝고 편의시설도 적당히 갖춘 곳이 많다.

여섯째, 반경 1km 이내에 재래시장이나 대형마트, 백화점 같은 생활 편의시설이 있다면 금상첨화다. 이보다 조금 멀지만 자동차로 10분 이내에 닿을 수 있어도 크게 불편하지는 않다. 그러나 도보로 시장을 볼 수 있을 만한 큰 슈퍼마켓 정도는 근거리에 있어야 할 것이다. 이 밖에도 편의점, 병의원, 생활에 필요한 이러저러한 용품들을 살 수 있는 근린생활시설이 잘 구비된 곳이라면 훌륭하다.

마지막으로 빌라는 임대 2회전 후 처분하라는 것이다. 즉 4년 후에는 출구전략을 쓰도록 하자. 당신이 소형 빌라 여러 채를 매입하여 5년간 보유하려는 주택임대사업자라면 5년을 채운 후 되팔면 될 것이다. 그러나 주택임대사업자로 등록하지 않고 한 채나 두 채 정도를 매입해서 여차하면 되팔 생각이라 해도 가급적 4년쯤 지난 후에는 처분하라는 것이다. 4년이면 월세든 전세든 2회전할 수 있다. 전세인 경우 2회전하면 당신이 갭투자를 한 경우 웬만하면 원금 이상을 회수할 수 있을 것이다. 가령 2억 6,000만 원짜리 빌라를 전세 2억 3,000만 원에 주고 나서 2년 지나면 2억 5,000만 원을 받고 또 2년 후 2억 8,000만 원 정도 받을 수 있을 것이다. 신축빌라면서 위에서 열거한 조건들을 충족한 물건인 경우 전세 놓기도 좋아 4년 만에 시세차익을 얻는 것은 어렵지 않다. 물론 좀 더 오래 보유할 수도 있겠지만 필자는 항상 새 건물을 사되 팔 때도 새 건물 상태를 유지한 채 팔아야 매도가 쉽다는 원칙을 강조한다. 단물 다 빼먹고 헌집되었을 때 빠져나오려면 제값을 받지 못할 뿐 아니라 원하는 때에 빌라를 팔고 탈출하기가 어렵다.

빌라 투자 유망지역

앞의 빌라 투자 7계명에서 살펴본 바와 같이 빌라는 좋은 입지를 갖춘 곳에 투자해야 할 것이다. 그러면 그런 입지를 갖춘 곳이 어디일까? 역세권 중에서도 강남권이나 강북중심지 접근이 용이한 지하철 역세권이 우선순위에 올 것이다. 그렇다고 빌라 거주자의 직장이 반드시 강남북의 핵심지역에만 있는 것은 아니므로 타 노선의 역세권도 500m 이내라면 괜찮다. 신도시에 가까워서 신도시 인프라 혜택을 함께 누릴 수 있는 지역도 훌륭하다. 그러면 먼저 투자가 유망한 역세권지역부터 시작해보겠다.

2호선 역세권

신림역~서울대입구역 구간의 역세권지역은 전통적으로 원룸 공급이 많은 지역이다. 서울시내에서 원룸이 가장 많이 공급된 곳이 이 구간이다. 이 지역의 강점은 강남접근성이 좋다는 것이다. 30분 이내에 강남 중심업무

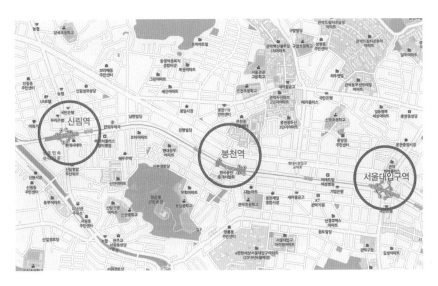

신림~서울대입구역

지역에 도달할 수 있어 싱글족들이 밀려온다. 그렇게 많은 원룸 건물들이 지어지는데도 여전히 임대가 잘 된다. 원룸 건물 전문 중개사들 스스로도 의아할 정도로 원룸 수요가 많은 지역이다.

원룸이 잘 소화되는 만큼 빌라도 지어지는 족족 분양이 잘 되고 임대도 잘 된다. 문제는 땅값이 많이 올라서 적정 가격으로 분양가격을 맞추기가 어렵다. 그 와중에 가끔씩 빌라부지가 나오면 한두 동씩 공급이 된다. 이때 2개 동 이상으로 구성되는 빌라를 잡으면 좋다.

당산역~영등포구청역 구간도 좋다. 이 지역에는 재개발구역으로 묶여 있다가 최근에 해제되어 건축 규제가 풀린 지역이 있다. 이 지역은 준공업 지역이라서 빌라 공급이 원래 없었으므로 빌라가 귀한 지역이다. 당산역

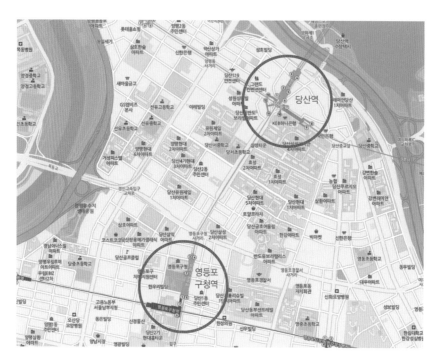

당산~영등포구청역

과 영등포구청역은 더블역세권이면서 지식산업센터가 속속 들어서고 기
업들이 유입되고 있어 임대 수요가 풍부하다. 여러 필지를 묶어서 빌라 신
축이 곳곳에서 진행되고 있는 곳이라 단지형으로 공급되는 곳에 투자하길
추천한다.

　신당역은 2호선과 6호선 환승역세권이다. 시청역까지 5개의 정거장 거
리이며 강북중심권 접근성이 탁월하다. 역 남쪽의 신당 5동 지역은 2종주
거와 3종주거가 혼재되어 있으며 빌라가 간헐적으로 공급되고 있는 곳이

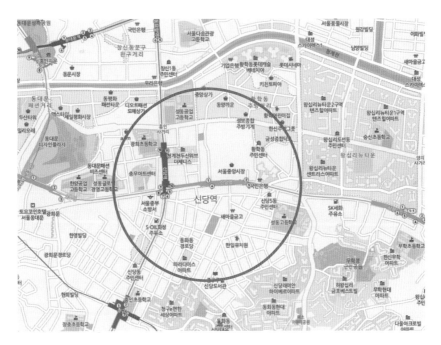

신당역

다. 신당역 북쪽의 황학동은 일반상업지역이 많아 오피스텔 공급이 많은 편이다. 지도 오른쪽에 보이는 왕십리뉴타운은 현재 개발이 완료되어 점차 상권이 안정되어가는 지역이기도 하다.

9호선 연장선(삼전사거리역~석촌역)

2018년 10월 개통을 앞두고 있는 9호선 연장선 주변인 잠실동과 삼전동, 석촌동과 송파동까지가 투자가치가 높은 지역이다. 이들 동네 북측에

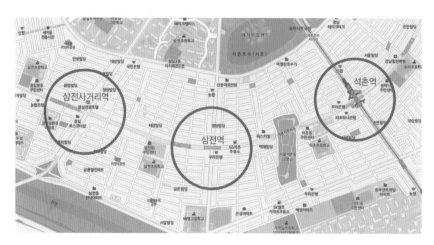

삼전사거리~석촌역

는 10년 전에 개발이 완료된 잠실 1~4단지와 백화점, 롯데월드, 호수공원 등 편의시설이 완벽하고 남측에는 탄천이 있어 주거환경이 매우 우수한 곳이다. 또한 삼성역부터 잠실역까지 구간은 관광특구로서 앞으로도 투자 가치가 유망한 곳이기도 하다.

7호선 역세권

신대방삼거리역부터 장승배기역을 지나 상도역까지가 좋은 후보지라고 할 수 있다. 2호선과 비교해서 7호선은 선호도가 떨어지는 것은 사실이지만 강남접근성이라는 장점 때문에 최근에 부상하고 있는 투자지역이다. 이 지역은 신림역~서울대입구역 구간과 견줄만 한 지역으로 가격대는 10% 정도 낮은 편이다. 이곳은 이제 막 빌라 공급이 시작된 곳이라고 보면 된다.

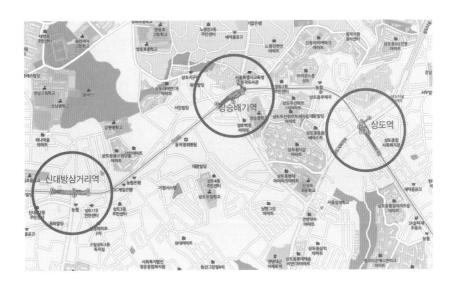

신대방삼거리~상도역

마곡신도시 주변

　마곡신도시 인프라를 향유할 수 있으면서 빌라 개발이 가능한 지역이 두 곳이다. 신방화역 주변의 방화동과 양천향교역세권의 가양동이다. 이 들 지역 중에 단독주택이나 다가구가 밀집된 곳이 타깃이 된다. 강남접근 성이 좋은 9호선 역세권이면서 마곡신도시 편의시설을 누릴 수 있기 때문 에 이 지역은 투자가치가 높다고 볼 수 있다.

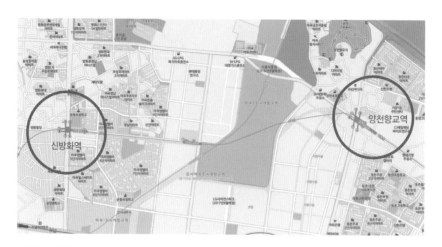

신방화~양천향교역

직주근접 지역

준공업지역이 지식산업센터로 개발되면서 강남권에 적을 둔 기업들이 저렴한 임대료를 좇아 성수동, 구로동, 가산동, 영등포 지역의 아파트형공장으로 속속 이전하고 있다. 성수동은 강남접근성이 좋고 한강 조망권, 신흥 상권을 등에 업고 토지가격 상승이 컸던 지역이다. 앞으로도 선호도가 집중될 지역임에 틀림없다. 이런 지역 주변에도 요즘 빌라가 들어서고 있다. 구로디지털단지역에 가보라. 온통 아파트형공장 숲이다. 이 빌딩 숲은 여기서 끝나지 않고 가산디지털단지역까지 약 2km 이어진다. 성수동과는 비교가 안 될 정도로 기업들이 몰려 있고 상권도 안정되어 있고 임대 수요가 충만한 곳이다.

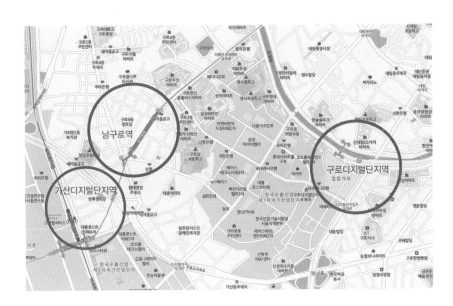

구로디지털~가산디지털단지역

도시재생뉴딜사업 대상 지역

앞에서 설명한 바와 같이 문재인 정부는 2017년도에 전국 110곳을 대상 지역으로 선정해서 도시재생사업을 본격 추진할 계획이다. 이 중 절반가량은 1,000가구 이하 소규모 주거지역의 생활환경을 개선하는 사업으로 추진할 예정이다.

이 사업으로 기존 주택시장에서 외면받던 연립·빌라 거래가 활기를 띠고 가격도 오름세를 보이고 있다. 서울시는 2017년 7월 13일자로 성북구 장위동과 동작구 상도 4동을 첫 번째 시범사업 대상지로 지정했다. 머지않아 사업 지정이 예상되는 중림동이나 숭인동, 신길동 등도 좋은 투자대상 지역이 될 것이다.

신축빌라
할인 분양을 노려라

이제 막 준공된 아파트 분양가 5억 원짜리를 4억 원에 매입할 수 있다면 당신은 매입하겠는가? 물론, 당연히, 두말할 것 없이 그럴 것이다. 과거 미분양으로 골머리가 아픈 시절에는 울며 겨자 먹기로 이런 일이 발생했었다. 그렇지만 요즘은 아파트의 인기가 완전히 살아났고 당분간 그 기세가 이어질 공산이 크므로 아파트 할인 분양은 일어나기 힘든 일이 되었다.

그런데 준공되기는커녕 착공하기도 전에 할인된 분양대금 전부를 일시불로 지급해야 하는 조건이라면 어떨까? 1억 원씩이나 할인되어 좋기는 하지만 무작정 '이게 웬 떡이냐' 하고 덥석 물기만은 쉽지 않을 것이다. 왜냐하면 아파트는 분양 후 입주까지 2.5~3년 걸리는데 그 긴 세월을 앞두고 선뜻 분양가 전액을 먼저 지급하기는 쉽지 않다. 큰 금액이 부담일 뿐만 아니라 잔금대출도 받을 수 없으니 오직 수중에 종잣돈 4억 원을 가진 투자자만 가능할 것이다.

반면 빌라는 착공 후 5~6개월이면 준공된다. 선 지급 후 준공까지의 기간이 아파트와 비교 시 매우 짧다. 금액도 비교 대상 아파트의 60~70%에 불과하다. 방 2칸짜리 빌라 가격은 대개 2억~3억 원대라서 융통하기가 상대적으로 용이하다.

신축빌라에서는 이런 할인 분양이 가끔씩 일어난다. 분양가 2억 5,000만 원짜리를 2억~2억 2,000만 원에 할인 분양하는 경우가 있다. 다만 이렇게 할인 분양하는 물량은 소수다. 시행사가 초기 토지매입 자본이 부족하거나 PF대출*을 받기 위하여 자기자본금 20%를 충족시키려 할 때 부족한 자금을 마련하기 위하여 분양대상 물량 중 일부 세대에 한하여 10~20%쯤 할인하여 일시불 조건으로 분양하는 것이다. 말이 10~20%지 5억 원의 20%는 1억 원이고 2억 5,000만 원의 20%는 5,000만 원이다. 주택시장에서 급매는 시세 대비 5% 정도 낮은 가격을 급매라고 하고, 이런 매물은 순식간에 소화된다는 사실을 감안하면 10~20% 할인 분양은 실제로 커다란 메리트가 있는 기회임에 틀림없다.

서울시 역세권지역 위주로 단지형빌라 시행을 전문으로 하는 '코리아2000사'의 이상욱 대표 얘기다. "시행사는 가능하다면 신축사업을 동시다발적으로 진행할 수 있습니다. 개발 경험이 쌓이면서 금융권과 PF를 통한 자금 조달능력도 검증된 회사에게는 가성비 좋은 토지매물이 종종 나옵니다. 그런데 우리 회사는 지금 모든 자금을 한 사업장에 집중하고 있으므로 타 사업부지를 매입할 자금의 여유가 없어요. 이런 때 당사가 시행 중인 빌

---

* PF(Project Financing)대출이란 아파트나 빌라 등을 신축하기 위한 시행사가 총 소요자금(토지+건축비)의 20%를 조달할 경우 금융권에서 나머지 80%를 대출해주는 제도이다.

87세대 중 5세대를 할인 분양 후 PF가동하여 빌라 신축공사를 진행하는 모습

라 몇 세대를 할인 분양하거나 투자자를 유치하여 계약금 등으로 쓰일 자금을 조달하는 것이죠. 투자자는 역세권의 단지형빌라를 저렴한 값에 분양받을 수 있어서 좋고, 시행사는 수익성 좋은 다른 사업도 동시에 펼칠 수 있는 기회를 얻게 되어 서로 윈윈하는 것이죠."

이 얘기는 영등포구청역 역세권 지역에서 2016년도에 실제로 일어났던 일이다. 필자는 총 분양물량 87세대 중 5채를 할인 분양해줄 것을 시행사로부터 의뢰받고, 실행력이 충만한 투자자들을 선별하여 마치 적선하듯 배분해주었다. 분양대금 지급 후 2~3개월 후면 PF대출이 실행되어 착공이 되고 그 후 5~6개월이면 빌라가 준공되어 투자자는 빌라 소유권을 넘겨받음과 동시에 2억 3,000만 원에 전세를 놓을 수 있었다. 2억 원을 7~9개월 투자하여 원금을 회수하고 덤으로 3,000만 원을 벌 수 있으니 얼마나 뿌듯한가? 또한 2억 3,000만 원짜리 전세가가 2년 후엔 2억 5,000만 원쯤 될 것이다. 이때 추가로 2,000만 원이란 과실을 또 거둔다. 갭투자의 진수 중 한 케이스라 할 수 있겠다.

위와 같은 수준의 할인은 아니지만 빌라가 밀집된 2종주거지역에서 우후죽순처럼 빌라 분양 물결을 이룬 2015~2016년에는 가끔 할인 분양이 발생했다. 화곡동, 오류동, 고척동 등 교통과 주거환경이 상대적으로 열악한 지역에서 일시적으로 빌라 공급이 몰려 분양이 순조롭지 못할 때 자금 회전을 위해 빌라 시행사들은 세대당 1,000만~2,000만 원씩 할인해서 처분한 적이 있었다. 물론 이런 일은 흔하지는 않지만 앞으로도 언제든지 일시적으로 발생할 수 있는 일이다. 여러분은 빌라 분양을 맡고 있는 중개사들과 친분을 쌓아둔다면 이러한 투자 기회를 가끔씩 잡을 수 있을 것이다.

빌라 투자 유의사항

빌라 투자 시 유의할 사항에 대해서는 앞글에서 다룬 '빌라 투자 7계명'을 뒤집어 이에 부합하지 않는 대상은 버리면 되므로 간단하다. 그러나 그 외에도 몇 가지 주의할 점들이 있어 추가해본다.

┃ 빌라 공급 과다지역을 피하라 ┃

박원순 시장이 취임하면서 전임 시장 시절 서울시에 수많은 지역에 지정한 뉴타운과 재개발지역에 대하여 2012년부터 '뉴타운 해제'라는 출구전략을 실행했다. 구역 전체를 싹 허물고 개발하는 일체식 개발이 아닌 현실적으로 가능한 곳부터 소규모 개발을 추진하는 국지적 개발이 좋다는 정책이다. 주민동의가 미진해서 진전이 없는 지역은 주민의 요청이나 직권으로 해제를 해준 것이다.

이렇게 풀린 대표적인 지역을 열거하자면 성북구의 장위동, 은평구의 갈현동, 수색동, 증산동, 중랑구의 중화동, 서대문구의 홍은동 등이 있다.

해제되고 나서 이렇다 할 보완책이 나오지 않자 지주들은 각자도생의 길을 걷게 되었다. 자신이 직접 상가주택이나 다가구주택을 짓기도 하고, 여의치 않으면 집을 팔기도 한다. 빌라업자들은 신이 났다. 빌라를 지을 만한 매물이 마구 쏟아져 나오니 채산성에 부합하는 매물이 나오는 대로 빌라가 1동 내지 2동씩 우후죽순처럼 들어서면서 공급초과 현상을 보인다.

앞에서 언급한 빌라 투자 7계명과 같이 역세권이면서 학군과 편의시설 등을 갖춘 입지는 뉴타운에서 해제된 지역 중에서도 분명히 있다. 이런 곳에 투자하면 실패하지 않겠지만 역에서도 멀고, 초등학교도 멀고, 주거환경이 열악한 2종주거지역으로서 기존에도 빌라가 수두룩한 곳이라면 피해야 하겠다. 빌라 공급 과다지역에서는 신축빌라라 하더라도 워낙 공급이 많다 보니 임차인이나 투자자에겐 선택의 폭이 크므로 시세차익을 얻기가 어렵거니와 공실 우려도 있다.

| 엘리베이터 없는 빌라 |

현대인들, 그중에서도 젊은이들은 잘 걸으려 하지 않는 경향이 있다. 과거 잠실이나 개포동, 과천지역에는 5층 아파트가 많았고 사람들은 4~5층까지 걷는 것에 대해 그러려니 했다. 사실 3~4층 정도는 운동 삼아 걸어 다녀도 될 텐데 지금은 그게 잘 안 된다. 어차피 빌라에 들어와 살 사람들, 가까운 미래에 당신이 투자한 빌라의 고객이 될 사람들이 젊은 층이므로 그들의 성향에 맞췄을 때 엘리베이터가 없는 것은 피하는 것이 좋다. 2010년도 이전에 지어진 빌라 중에는 4층으로 엘리베이터가 없는 것들이 많다. 아무리 좋은 입지라 하더라도 이런 것들은 무조건 피하자.

| 근생 빌라 |

어떤 빌라를 보면 건축물대장에 주택으로 되어 있지 않고 근린생활시설 (근생)로 된 경우가 있다. 그런데 겉으로 보이는 모습은 다세대주택으로 된 빌라와 모든 것이 똑같다. 다만 분양가나 매매가는 주택에 비해 약간 저렴하다. 왜 그럴까?

2종주거지역에서는 근생 빌라가 거의 없다. 용적률이 200% 이내여서 지상 4층이 최대치이기 때문에 1층을 필로티 처리하고 4개 층을 올리면 그만이다. 그러나 3종주거지역이나 준공업지역인 경우 근생 빌라가 가끔씩 눈에 띈다. 이런 지역에서 빌라 부지를 매입한 건축업자 입장에서는 빌라 부지를 매입하면 그 부지를 최대한 잘 활용하여 용적률을 최대치로 얻어냄과 동시에 늘어난 용적률로 인하여 갖춰야 할 주차대수가 부족하다 보니 이에 대한 해법으로 머리를 굴린 결과물이 바로 근생 빌라다.

이렇게 탄생한 근생 빌라는 주차대수 규정에서 느슨한 적용을 받는다. 정상적인 경우 60㎡(전용 18평) 이하의 빌라는 세대당 0.8대의 주차대수가 필요하고 그 이상 평수의 경우 세대당 1대씩 갖춰야 한다. 대개 빌라는 방 3칸짜리보다는 방 2칸짜리가 분양하기도 좋고 임차인 수배도 원활하기 때문에 방 2칸짜리 공급이 압도적으로 많다. 그런데 근린생활시설의 경우 134㎡(전용 40평) 마다 주차 1대씩만 갖추면 된다. 따라서 빌라업자로서는 실평수 13평짜리 다세대주택으로 된 빌라에는 세대마다 주차 0.8대를 갖춰야 하므로 사실상 1대씩을 갖추어야 하지만 근린생활시설인 경우 방 2칸짜리 3세대를 넣을 수 있는 40평짜리 근생 빌라에 주차대수는 1대만 갖추는 것으로 인허가를 받을 수 있는 것이다.

사용승인 후 업자는 근생에 불법시설인 싱크대 및 취사시설을 설치해서 주택으로 개조 후 분양하는 것이다. 이는 불법이기 때문에 단속에 걸리면 원상복구 명령이 떨어진다. 주어진 기간 내에 이를 바로잡지 않으면 시세의 약 10%에 달하는 이행강제금이 부과된다. 이행강제금은 시정될 때까지 계속 매년 1~2회 부과되며 이를 체납할 경우 해당 부동산을 압류당할 수도 있다.

지자체는 빌라가 사용승인을 받은 후 짧으면 6개월, 길면 2년 이내에 단속에 나선다. 서울시에 따르면 이런 식으로 무단 용도변경을 하여 적발된 건수가 2014년도에 627건, 2015년도에는 786건, 2016년도엔 600여 건이 적발되었다고 한다. 그런데 이런 식으로 무단 변경해서 사용 중인 것을 지자체에서 모두 다 알 수는 없다. 의심 간다고 무턱대고 아무 집이나 들어가서 단속할 수는 없는 노릇이므로 이런 적발은 주로 피해자의 제보에 의하여 단속을 하게 되는 경우가 대부분이다.

근생 빌라의 또 다른 약점은 취득세가 4.6%라서 다세대주택인 경우 1.1%에 비해 4배 정도 더 높다. 다세대주택은 1가구 1주택인 경우 양도세 비과세 혜택이 있으나 근생 빌라는 주택으로 인정받지 못하므로 이런 혜택이 없다. 재산세도 주택보다 상대적으로 더 높고 금리도 주택보다 0.3~0.5% 높은 편이다. 또한 주택에 적용되는 전세자금 대출도 받을 수 없어 여러모로 피해가 크다.

PART

03

밑천 마련, 수익률 10%
평택 미군 렌탈하우스

매달 160만 원 월세 버는
특급 비밀

　서울에서 5억 원짜리 아파트는 강북권의 27평대 내지 33평형 정도다. 수도권으로 가면 33평대 내지 50평형쯤 될 것이다. 외벌이 직장인이 성실하게 저축하고 투자한 결과 50대쯤 가질 수 있겠고, 맞벌이 부부라면 40대에도 가능한 주택이라 할 수 있겠다.

　이 정도의 주택을 보유한 채 직접 거주하고 있고 융자를 얻지 않은 상태에서 이 아파트를 활용해 돈벌이를 한다는 것은 평범한 직장인이 쉽게 생각할 수 없을 것이다. 그러나 이를 잘만 활용하면 매달 150만~160만 원을 벌 수 있는 길이 있다.

　답은 평택 미군부대에 근무하는 고위장교와 군무원을 대상으로 임대하는 렌탈하우스에 투자하는 것이다. 분양가 6억 원대의 렌탈하우스를 60% 융자 끼고 분양 받으려면 취득세 포함하여 2억 5,000만 원이 필요하다. 이 돈을 당신이 보유하고 있는 아파트를 담보로 2억 5,000만 원을 대출받아 투자하는 것이다.

조경이 잘 꾸며진 렌탈하우스 단지 전경

과연 얼마나 남는지 따져보자. 6억 원대 렌탈하우스를 분양받아 세를 놓으면 월 400만 원 정도를 받는다. 여기서 60% 대출금 3억 6,000만 원과 아파트 담보로 뽑은 2억 5,000만 원의 합인 6억 1,000만 원에 대한 이자 약 170만 원을 제하면 230만 원이 남는다. 여기서 관리비 약 70만 원을 제하면 당신 손에 160만 원이 남는다. 이것이 실질적인 투자수익이다. 그저 지금처럼 자기 아파트에 그대로 살면서 단지 그 아파트를 활용하여 투자를 실행하면 얻을 수 있는 것이다. 간단하면서도 적지 않은 수익이 아닌가?

50대 중후반에 명퇴를 하거나 60대 초반에 은퇴를 한 사람들은 5억 원쯤 되는 아파트 한 채는 갖고 있다고 본다. 대다수는 이를 활용해서 투자거리를 탐색하기보다는 안전해 보이는 길을 택한다. 그저 주택연금에 가입하여 매월 100만 원 남짓한 연금을 받아 근근이 생활한 후 저세상으로 갈 때 자식에게 한 푼도 남겨주지 못한 채 아파트도 저세상으로 간다.

그러나 이 땅에 사는 우리에게는 평택에 일산신도시급 미군 기지가 생김으로써 투자거리가 생겼고 이를 잘 활용한 사람에게는 매월 150~160만 원을 받고 저세상으로 갈 때는 당신이 살고 있는 아파트에 덤으로 렌탈하우스 한 채까지 자식에게 남기고 떳떳하게 하늘나라로 갈 수 있으니 얼마나 다행인가.

달랑 집 한 채가 전부인 은퇴한 분들이 보이는 공통점 중 하나는 이것이다. 자신이 보유한 전부인 아파트를 담보로 대출받아 부동산이든 자영업에 투자할 때 혹시라도 그 투자가 잘못되면 인생도 끝이라는 생각에 어지간해서는 투자를 실행하지 못하고 무조건 그 아파트를 사수하려 한다. 폐지를 줍든 노가다를 뛰든 택시운전을 하든 아무튼 최후의 보루인 아파트만큼은 건드리려고 하지 않는 것이다. 하다하다 더 이상 버틸 수 없는 지경에 이르면 자식들에게 미안하다고 말하고 주택연금에 가입해서 여생을 의지하려 하지 않는가?

원하든 원하지 않든 이제 우리는 100세 시대에 살고 있다. 예전처럼 환갑잔치 하고서 몇 년 후 저세상으로 가면 적어도 주택 한 채만큼은 자식들에게 남겨주어 흙수저를 면하게 해줄 텐데, 환갑 후에도 30~40년을 더 살아야 하니 일정한 수입이 보장되지 않은 평범한 우리에게는 수명 연장이 축복만은 아닐 수 있어 마냥 축하를 하기도 겁이 난다. 이때 우리의 눈앞에 오아시스처럼 나타난 수입원이 바로 미군 렌탈하우스라 할 수 있다.

미군부대 주변의 렌탈하우스 단지

렌탈하우스 단지가 30세대 이상이면서 부실로 지어지지 않았다면 평생 공실 걱정 없이 매년 임대계약과 동시에 1년 치 월세를 받을 수 있고, 또한 매년 물가상승률을 초과하는 임대료 인상 혜택을 누리는 투자 상품인 이 것은 100세 시대의 평범한 사람들에겐 하늘이 주신 노후대비책이자 비장의 무기라 할 수 있다.

필자의 말이 믿어지지 않는다면 평택시 팽성읍에 있는 미군부대 주변으로 직접 가서 보길 바란다. 필자의 말이 사실인지도 확인하라. 잘 고르면 당신의 노후가 매우 편안해질 것이다.

개발호재가 넘쳐나는
평택 바로알기

   조선 초기 문신 박서생은 평택에 대해서 "물이 천천히 흐르고 산은 낮으며 옥야는 평평하다"라고 기록했다. 조선 초기의 학자 하륜은 "길이 남과 북으로 통한다"라고 했으며, 서거정 또한 "삼도의 요충이 되는 지점에 있다"라고도 했다. 이처럼 평택은 예로부터 서울에서 삼남지방으로 내려가는 요충지에 자리 잡은 지정학적으로 중요한 입지임과 동시에 평평하고 비옥하여 경기미의 본고장으로도 통하는 곳이다.

   서해와 접한 항구도 있고 아산호를 통하여 내륙으로 뱃길 따라 들어오면 안성천과 연결되어 과거에도 이 뱃길을 따라 한성까지 왕래했다. 지금은 서해안고속도로와 평택항 건설로 인프라가 공고해짐으로써 평택 개발이 한결 탄력을 받게 되었다. 예로부터 전략적 요충지임을 인정받은 평택이 지금은 향후 10년 동안 대한민국의 부동산 투자자들의 이목을 집중시키고 뒤흔들 핫이슈가 되고 있다.

   평택시는 경기도 서남권에 위치하고 직사각형을 우상향으로 약간 들어

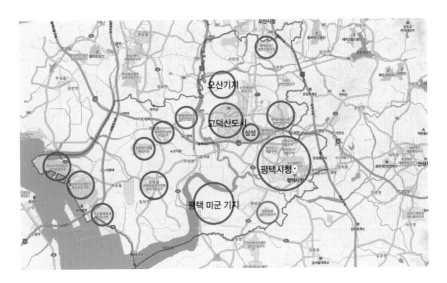

평택시 전도

올린 모습이다. 2017년 1월 기준 인구는 약 47만 명, 면적은 454.47㎢(1억 3,747만 평)으로서 서울시 면적 605.21㎢(1억 8,307만 평)의 3/4 정도 크기다. 지금 이곳에서는 주거, 상업, 공업, 미군 기지, 항만, 사회간접자본 등 모든 것이 굵직굵직하고 임팩트 충만하게 개발이 한창 진행 중이다.

북단에는 미공군기지와 LG산업단지, 바로 아래에는 고덕신도시, 삼성 반도체라인과 브레인시티가 있고, 남측에는 일산신도시 면적에 준하는 평택 미육군기지가 있다. 좌측 끝단에는 평택항과 산업단지, 황해경제자유구역이 있고 곳곳에 크고 작은 산업단지들이 즐비하다.

고덕신도시의 경우 2017년 4월 제일풍경채 아파트 1순위 분양에서 773 가구 모집에 6만 5,003명의 청약자가 몰려 평균경쟁률 84.1대 1을 기록해서 수도권 1위를 기록할 정도로 청약열기가 뜨겁다.

2017년 7월 5일 중앙일보 기사에 의하면 2017년 7월 가동을 시작한 평택 삼성전자 반도체단지는 삼성 수원공장의 2.4배 규모로서 약 120만 평에 이르는 거대단지에 이미 투자된 15조 6,000억 원에 14조 4,000억 원을 추가하여 총 30조 원이 평택에 투자될 것이라고 한다. 삼성전자 홍보팀에 따르면 "2021년까지 생산 유발효과 163조 원, 직간접적 고용 유발효과는 44만 명에 이른다"라고 강조했다.

LG전자는 평택시 진위면에 30만 평 규모의 산업단지를 건립해서 약 2만 5,000명이 상주할 계획이라고 한다. 경제파급효과가 4조 7,000억 원, 고용창출효과가 3만 4,000명 정도 예상된다.

이외에도 평택시는 대규모 개발호재가 넘쳐난다. 평택 미군 기지를 비롯해 황해경제자유구역, 브레인시티는 성균관대 제3캠퍼스뿐 아니라 국제연구센터, 산업단지, 주거·상업시설 등이 들어서는 복합도시로 개발된다.

서울 주변의 1, 2기 신도시들은 주거와 상업시설 위주로 건설되었다. 서울에 직장을 둔 주민들의 베드타운Bed Town(대도시 주변에 주거기능 위주로 형성된 도시)으로 기능하고 있는 것이 사실이다. 판교나 동탄2신도시는 주거와 상업시설 외에 약간의 산업시설을 갖춘 정도이고, 마곡신도시는 보다 적극적으로 산업시설을 갖추고는 있지만 평택과는 비교가 안 될 정도로 그 규모가 작다.

평택은 지자체로서는 유일하게 항만, 고속철도SRT, 고속도로, 삼성과 LG의 첨단산업단지를 포함한 10여 개 산업단지, 고덕국제신도시, 브레인시티, 세계 최대 미군 기지를 품에 안고 막강한 경쟁력을 갖춘 첨단 자족도시로 다시 태어나게 될 것이다. 향후 5년쯤 지나 도시가 정착되면 2016년 말 47만 명의 인구는 100만 명을 가뿐히 뛰어넘기 때문에 광역시가 되는 것도 시간문제일 것이다.

노후대비책,
렌탈하우스가 답이다

앞에서 살펴본 바와 같이 온 국민의 관심을 끌고 있고 앞으로도 10여 년 간 지속적인 관심을 모을 평택이 우리에게 어떤 점에서 좋은 투자처가 될 수 있을까? 고덕신도시의 아파트, 오피스텔, 상가, 토지, 렌탈하우스 등등 투자할 만한 종목은 차고 넘친다. 그중에서도 필자는 미군 기지에 근무하는 미군과 군무원을 대상으로 하는 렌탈하우스가 답이라고 생각한다.

그 이유는 이렇다. 첫째, 렌탈하우스 투자는 연간 임대수익률이 웬만하면 10%가 넘는 고수익성이다. 이것은 저금리 시대의 레버리지 효과를 반영한 수치이기는 하다. 그러나 대도시지역에서 부동산 임대수익률이 가장 높은 수익형 부동산은 바로 원룸 건물이다. 서울의 경우 원룸 임대수익률 5% 정도면 훌륭하다. 여기에 레버리지 효과를 얹으면 7~8%가 최상급이다. 그런데 렌탈하우스는 웬만하면 10%가 넘는다. 가령 분양가 6억 원짜리 렌탈하우스를 융자 3억 6,000만 원 끼고 구입하면 2억 4,000만 원이 든다. 여기에 취득세와 임대차 중개비 1,000만 원을 더하면 실투자금이 2

미국인의 선호도가 높은 지중해풍 렌탈하우스 단지 조감도

억 5,000만 원이다. 임대료 400만 원에서 이자 100만 원과 관리비 70만 원을 제외하면 230만 원이 남는다. 이 돈이 건물주가 손에 쥐는 순수익이다. 실투자금 2억 5,000만 원으로 나누면 임대수익률이 11%다. 분양가가 7억 원인 경우 4억 2,000만 원을 융자받아 2억 9,000만 원을 투자할 경우 임대수익률이 9%쯤 되고, 분양가가 7억 5,000만 원짜리인 경우는 8%쯤 된다. 즉, 분양가가 높을수록 임대수익률은 떨어진다. 그러나 10%가 안 되는 것들도 매년 3~5%씩 임대료가 인상되므로 조만간 10%를 넘게 될 것이다.

둘째, 관리가 간편하다. 수익성 측면에서 최고 상품인 원룸 건물은 임대차 기간이 1년이 안 되는 경우가 많아 임차인들이 자주 들락거린다. 원룸 건물에는 다수의 임차인들이 거주함에 따라 수시로 자잘하게 신경 쓸 일이 많아 건물주가 피로를 많이 느낀다. 그러나 렌탈하우스는 한 번 계약하면 일 년마다 한 번씩 재계약서 쓸 때 하루만 시간을 내면 된다. 임대차 관리와 매매, 건물관리를 주택관리전문회사가 위탁을 받아 도맡아 해주므로 건물주는 관리에 신경 쓸 일이 거의 없다.

셋째, 임대료 체불 위험이 없다. 한 번 계약을 맺으면 1년은 무조건 간다. 1년 치 임대료가 계약 체결 즉시 입금되어 목돈으로 활용하기도 좋다. 1년이 경과될 즈음에 물가인상율 수준인 3~5% 선으로 매년 임대료가 인상되고, 그 금액으로 재계약을 하면 된다. 만일 임차인이 나가는 경우에는 역시 주택관리전문회사가 알아서 차기 임차인을 수배해준다.

넷째, 프리미엄을 기대할 수 있다. 미군부대가 있는 평택시 팽성읍에 소재한 렌탈하우스의 경우 10세대 이내의 잔챙이 단지가 대부분인 곳에는 비교적 큰 단지에 속한다고 볼 수 있는 단지 규모가 20세대가 넘으면서 동시에 도시가스가 공급되는 단지인 경우 프리미엄을 기대할 수 있겠다. 또한 땅값이 상대적으로 저렴하여 대단지 위주로 개발되고 있는 아산시 둔포면에 소재한 경우 60세대가 넘으면서 도시가스가 공급되는 단지 역시 프리미엄이 확실시된다. 이런 대단지는 임차인의 선호도가 높아 공실 위험이 없고 커뮤니티 활성화, 각종 주민 편의시설 구비로 인기가 높아진다. 이렇게 되면 주택 가격이 자연스럽게 올라가므로 분양가 대비 작게는 5,000만 원, 많게는 수억 원의 프리미엄을 기대할 수 있는 것이다.

다섯째, 임대의 안정성이다. 한미 간 소파SOFA 협정으로 주한미군은 2060년까지 주둔하게 되어 있다. 지금부터 최소 43년간 미군이 계속 임차할 것이므로 장기적으로 임대의 안정성이 보장되어 있다.

위와 같은 장점들에 대한 구체적인 얘기와 투자 시 유의할 점들에 대하여 이어지는 장에서 상세하게 설명하겠다.

공급초과 가능성이 희박한
안전투자

    요즘 주요 일간지에 평택 미군 렌탈하우스 전면광고가 종종 눈에 띈다. 이런 광고들을 자주 접하다 보니 독자들은 공급초과라고 생각할 수 있다. 정말 그런 것일까?

    평택 현지에서 렌탈하우스 분양을 전문으로 하는 한 분양대행사에서 2017년 6월 전수조사를 벌였다. 월세 400만 원을 받을 수 있는 연면적 70평 이상의 단독주택 공급은 최소수요 3,500채 대비 1,000여 채에 불과하다고 파악되었다. 조사 당시 분양 추진 중인 숫자를 포함해도 1,500채 정도에 그쳐 아직도 2,000여 채가 절대 부족한 상황이다. 그런데 왜 사람들은 신문에 자주 나오는 광고만 보고 공급초과로 판단할까? 렌탈하우스 공급시장과 광고방식, 광고 후 분양 계약 체결에 이르는 과정을 잘 모르고 있기 때문이다.

    미군 렌탈하우스 공급은 이렇게 이루어진다. 요는 주택을 지을 땅이 시장에 나와야 하는데 지금은 매물 기근이다. 미군부대 주변인 팽성읍에는 땅값이 2016년 대비 2017년에 거의 두 배로 올랐다. 미군부대 이전이 시작되자 지주들은 앞으로 땅값이 천정부지로 뛸 것이라는 기대에 매물을 내놓지 않는다. 군부대 인근의 렌탈하우스 부지는 시장에 나오더라도 평당 300만~400만 원이다. 이 가격에 땅을 사면 주택 분양가격은 8억~9억 원일 수밖에 없다. 월세 400만 원을 받으면 거기서 관리비로 약 70만 원이 지출되니 남는 330만 원이 순수입이다. 렌탈하우스는 보증금이 없으므로 8억 원에 분양받을 경우 임대수익률이 5%에 불과하고, 60%를 융자받을 경우 이자로 130만 원을 내고 나면 남는 돈이 200만 원이니 레버리지 효과를 본 수익률이 7.5%다. 이 정도만 해도 물론 괜찮은 수익률이지만 수도권임을 감안할 때 마지노선에 가까운 수익률이라고 할 수 있다. 그러므로 평당 300만 원이 넘는 땅은 구조적으로 분양가가 8억 원을 훌쩍 넘으니 수익성이 평범해서 분양이 문제가 된다.

따라서 주택 공급업체들은 땅값이 100만 원 전후인 아산시 둔포면이나 영인면으로 나갈 수밖에 없다. 둔포면은 미군부대가 속한 팽성읍과 남쪽으로 접한 면이다. 행정구역만 아산시일 뿐 생활권은 팽성읍과 차이가 없다. 미군부대 서남측의 도두게이트에서 나오자마자 연결되는 43번 국도를 타면 5~10km(차로 5~10분 거리) 거리 주변의 개발 가능한 땅들이 주택 공급업체들의 공략대상이다. 이런 지역에 공급되는 렌탈하우스는 대지가 120~130평은 되어야 하고 단지 내 도로나 놀이터 등 공지를 포함하면 1세대당 대지가 150~160평은 되므로 도시가스가 공급되는 60세대 규모로 건설하려면 토지매물 규모가 최소 10,000평은 되어야 가능하다. 문제는 5,000평 넘는 매물은 매우 드물다. 어쩌다 매물이 나오더라도 지주가 여러

명이라 서로 이해관계가 상충되어 매매합의가 되기까지 시간도 많이 걸리고 계약 직전에 팔기로 한 합의가 깨지는 등 우여곡절이 많다. 이런 이유로 렌탈하우스 용지는 공급이 더디다. 평택과 아산에 드넓은 땅은 많지만 차량으로 10분 이내면서 쾌적한 주거환경을 가진 땅은 찾기가 만만치 않다.

어렵게 부지가 확보되면 이제는 분양이다. 대부분 사전분양 방식이다. 준공만 되면 대기수요가 많아 즉시 임대가 되고 있다. 주택 공급업체로부터 분양대행권을 확보한 분양사는 대체로 일간지에 광고를 하여 고객을 확보한다. 업체마다 10~30채 정도 되는 매물 분양을 위하여 몇 달간 매주마다 신문에 1~2회씩 광고한다. 요즘은 한 번 광고를 실으면 평균 1~2채씩 계약된다고 한다. 따져보니 한 분양업체가 한 주에 2회 일간지 광고를 하면 2~3채가 팔리니 1개월에 약 10채가 소진된다고 보면 된다. 따라서 분양대상이 30채라 할 경우 전부가 팔리려면 이론상 3개월이 걸린다. 30채 분양을 위해서 신문광고를 세 달간 24회나 광고를 해야 하는 실정이다. 다른 분양사도 똑같이 광고를 해대니 구독자 입장에서는 눈만 뜨면 렌탈하우스 광고가 쏟아진다. 공급초과라고 생각되는 것도 당연하다.

이처럼 아직도 공급되어야 할 75~80평대 렌탈하우스는 2,500여 채가 남아 있으니 앞으로 몇 년간은 계속 일간지에 전면광고가 넘칠 것이다. 분명한 것은 위에서 짚어본 이유로 신축부지가 나오기가 어렵고, 나오더라도 가격이 적정치 이내라야 하고, 단지 규모가 대개 10~50세대인 점 등을 감안하면 앞으로 최소 3년간은 초과공급이 구조적으로 불가능하다. 3년쯤 지난 후 수급이 적정치를 이루게 되면 주택 공급업체들은 미분양을 우려하여 더 이상 주택 공급을 하려 들지 않을 것이다. 미군 임대용이라는 특수성 때문에 다른 용도로 전환하면 수익이 떨어지는 상품이므로 공급은 시장수요를 철저히 분석하고 난 뒤 이루어지게 된다. 따라서 공급초과가 발생할 가능성은 희박하니 안심하고 투자해도 좋겠다.

평택 미군 기지 주변 지리에
통달하라

평택은 이미 부동산 투자자들에겐 낯설지 않은 곳, 아니 오히려 '핫'한 곳이다. '평택' 하면 평택(고덕)신도시가 떠오를 것이고, 중국과의 무역 창구인 평택항도 떠오를 것이고, 최근의 핫이슈인 용산 미군 기지가 이전하는 평택 미군 기지도 떠오를 것이다. 고덕신도시와 브레인시티에 대해서는 웬만한 투자자들은 어느 정도 다 알고 있을 것이므로 여기서 다시 얘기하지는 않겠다. 이 글에서는 평택 미군 기지 이전에 따른 재테크 대상으로서 알토란 같은 투자 아이템인 미군 렌탈하우스에 대하여 제대로 알기 위한 기초지식을 제공하는 차원에서 미군부대 주변의 지리에 대해 설명하겠다.

우리가 흔히 미군공군기지가 있는 곳은 오산으로 알고 있는데, 사실 미군공군기지는 오산에 있지 않고 평택시 서탄면에 있다. 공군기지에 가까운 역은 평택시의 송탄역이다. 오산시청 남측으로 8.5km 거리다. 그런데 왜 아직도 이곳을 평택 공군기지라고 부르지 않고 오산 공군기지로 통하

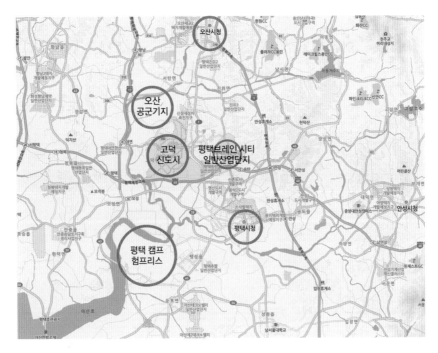

평택 미군 기지(캠프 험프리스) 주변지리

느지에 대해서는 포털사이트에서 검색해보면 금세 알 수 있으니 생략한
다. 중요한 것은 평택에 있는 오산 공군기지가 어디쯤에 있고 고덕신도시
가 어디쯤에 위치하며 일산신도시급 크기의 평택 미군 기지(캠프 험프리스)
가 어디에 있는지 아는 것부터 시작해야 한다.

고덕신도시 남단에서 미군 기지 북단까지는 직선으로 약 5km 거리다.
평택시청부터 미군 기지 입구까지는 7km 정도다. 중요한 것은 고덕신도
시나 평택시청 주변은 미군 기지에 근무하는 미군이나 군무원들이 거주할
렌탈하우스 투자처로는 부적합하다는 것이다. 이들 지역은 땅값이 비싸

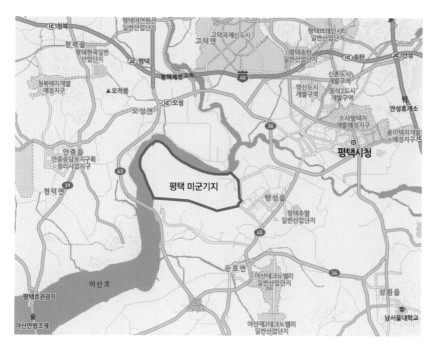

평택 미군 기지 주변 렌탈 입지도

기 때문에 수지를 맞추기 어렵다. 웬만한 땅값이 평당 최소 300만 원 이상
이어서 렌탈하우스를 지어봤자 가격이 8억~9억 원이 되어 분양이 어렵다.
수익률이 떨어지기 때문이다.

　그러면 어느 지역이 고수익을 안겨주는 입지일까? 답은 43번 국도와 연
결성이 좋은 곳이다. 43번 국도는 미군 기지(캠프 험프리스) 도두게이트에
직결되는 고속국도이다. 따라서 43번 국도 주변이거나, 45번 국도를 통해
43번으로 연결이 용이한 지역이거나, 34번 국도를 통해 43번 국도로 연결
이 용이한 지역이 렌탈하우스의 최적지라 할 수 있다.

왼쪽 지도를 보면 '평택 미군 기지' 위치가 빨강 실선으로 표시되어 있다. 북쪽으로는 고덕신도시와 우측으로는 평택시청이 있는데 이 지역은 미군 임대용 재테크의 이상적인 투자처로서는 일단 배제하자. 미군 기지 왼편에 수직으로 나 있는 도로가 43번 국도이다. 이 도로는 미군부대 남서 측의 도두게이트와 직결된다. 이 도로는 교통체증이 전혀 없는 자동차전용도로로서 미군들이 출퇴근 시에도 10km를 10분 안에 여유있게 도달이 가능한 매우 중요한 도로이다. 미군 기지 아래쪽에 보이는 영인면과 둔포면을 가로지르는 34번 도로는 그 다음으로 중요한 도로이다. 이 도로 역시 교통체증이 거의 없고 중간에 43번 도로와 연결된다. 따라서 43번 도로변이나 34번 도로변이면서 부대까지 10km 이내에 렌탈하우스가 있다면 최적의 입지라 할 수 있겠다.

좀 더 구체적으로 논하자면 지도 중앙 하단에 보이는 '둔포면'은 미군 기지 남단에서 4km 지점이다. 참고로 둔포면은 행정구역이 아산시에 속한다는 것을 알아두시라. 둔포면 좌측 아래에 영인면이 있고 이 지역은 게이트까지 10km 전후여서 나쁘지 않다. 미군 기지 좌측으로 현덕면이 있는데 이곳에서 아산만이 조망되는 곳이라면 우수한 입지라 하겠다. 현덕면에서 군부대가 속한 팽성읍을 가로지르는 '평택호 횡단도로'가 2018년 2월에 개통 예정이므로 미군 기지 접근성이 획기적으로 개선되어 향후 전도가 유망한 투자지역이다.

매월 400만 원대의 높은 임대료를 지불할 수 있는 군무원들은 비상시에 군부대까지 30분 이내에 출동할 수 있어야 하므로 이들이 입주할 렌탈하우스는 기본 요건으로 군부대 게이트에서 최장 20km를 넘기면 곤란하다고 봐야 한다. 렌탈하우스는 대개 고속국도에서 몇 km쯤 들어간 곳에 입지하고 있으므로 고속국도까지 닿는 데 걸리는 시간을 고려해서 20km 이내 거리라야 한다는 것을 잊지 말자.

평택은 도시명이 말해주듯 전체적으로 평평하다. 높은 산이 없다. 구릉지나 나지막한 야산 정도가 곳곳에 있을 뿐 대부분 지역은 평지다. 그런데 렌탈하우스가 입지할 곳은 완전한 평지가 썩 좋다고 볼 수는 없다. 군부대 주변이라면 가깝다는 장점 때문에 평지여도 좋겠지만 군부대에서 5km 이상 떨어진 곳은 목가적인 분위기가 있는 편이 좋다. 미군이나 미군무원은 미국인이다. 미국인들은 널찍한 정원에 바비큐장이 있고 전망이 좋은 곳을 원한다. 그러기 위해서는 주변이 야산으로 둘러싸여 있으면서 농지나 과수원을 조망할 수 있거나, 나지막한 야산 초입이나 중턱에 있어서 호수나 안성천, 아산만 등을 조망할 수 있는 곳이면 좋다.

미국식 생활방식을 파악하라

　만약 당신이 이번 파트에서 다루는 미군 렌탈하우스 투자를 염두에 두고 있다면 미국인의 생활방식에 대해 알아둘 필요가 있다. 렌탈하우스에 들어와서 살게 될 임차인들이 미국인이기 때문이다. 딱히 미국식 생활방식이라 하여 우리에게 전혀 생소한 것은 아니다. 할리우드 영화를 통해서, 미국 여행을 통해서, 친구나 지인 등을 통해서 미국식 생활방식에 대해 직간접적으로 이미 수없이 듣고 보아왔기에 우리 모두는 그들의 생활방식에 대하여 웬만큼은 알고 있다. 그런데 당신이 렌탈하우스의 주인이 되고자 한다면 좀 더 구체적으로 그들의 생활방식에 대하여 알아야 한다.

　우선 미국인들은 신체적으로 우리보다는 크다. 미국인 남성의 평균 신장이 180cm라고 한다면 우리나라 남자의 평균 신장은 170cm라고 치자. 물리적으로 따져보니 약 6%쯤 더 크다. 그런데 그들은 집이든 물건이든 우리보다 약 6% 더 큰 만큼만 좋아하는 것이 아니라 이보다 훨씬 더 큰 것을 좋아한다. 가령 미군이 미혼이거나, 아이가 없는 부부가 거주할 공간은 전용면적 기준으로 최소 25평은 되어야 마음에 들어 한다. 우리나라 신혼부부의 경우 18평짜리 아파트나 빌라에 만족해하는 것에 비하면 이보다 약 38%는 더 커야 마음에 들어 하는 것이다. 우리나라에서 50평형 아파트는 대형에 속한다. 실평수가 40평 정도다. 방 4칸에 널찍한 거실, 화장실이 2개다. 임대료 400만 원을 지원받는 미국인은 실평수 70~80평대를 원한다. 50평형 아파트 2채를 포개놓은 크기라고 생각하면 될 것이다.

그들이 거주할 렌탈하우스는 방도 커야 하고 방 개수도 많아야 한다. 운동장만 한 거실과 홈바Home Bar가 설치된 주방이 층마다 있고 여기에 게스트룸, 드레스룸, 창고, 다용도실, 신발장도 상당히 널찍해야 한다. 주차시설도 2대가 기본이다. 이들은 공통적으로 바비큐를 즐기기 때문에 층마다 고기를 굽는 공간인 야외 데크가 있어야 좋아한다.

이들이 선호하는 미군 임대용 주택이 갖춰야 할 시설에 대해서 알아보자. 방범 시설로 도어폰과 세콤은 기본이다. 층별로 에어컨과 대형 냉장고뿐 아니라 거실에 소파도 갖추어야 한다. 대형 TV와 식탁, 대형 세탁기, 큰 사이즈의 침대도 갖춰야 한다. 전자레인지와 식기세척기, 냉온수기도 필요하다. 건조기는 국산보다는 미군 PX에서 파는 것으로 갖추는 것이 좋다. 렌탈하우스는 임차인이 옷과 이불 정도만 가지고 들어오면 살 수 있을 정도로 미국식 풀옵션 시설을 갖추어야 공실 없이 임대가 잘 된다는 것을 알아두자. 따라서 당신이 렌탈하우스에 투자할 때 이러한 시설물들이 주택에 포함되어 공급되고 있는지를 잘 따져보고 투자해야 나중에 추가 비용이 들지 않는다.

고위급 장교나 군무원들은 대체로 가족과 함께 거주한다. 미군부대에 근무할 뿐이지 해외에 장기 파견된 고위급 직장인의 삶이라고 보면 된다. 이들은 특히 개를 키우기 좋아한다. 우리나라에서는 개라고 하지 않고 반려동물이라 부르지만 이들은 일반 반려동물 크기의 개에는 관심이 없고 늑대만하거나 군용견 등 덩치가 큰 개를 선호한다. 이런 특성 때문에 아무리 직급이 낮고 월급이 적더라도 미군부대 주변 20평 이하의 소형아파트나 소형오피스텔에는 좀처럼 거주하려 들지 않고 차라리 25평대 빌라에 세 들어 산다.

　미군부대가 있는 평택시 팽성읍 안정리의 미군부대 게이트 인근 입지 좋은 곳에 1년 전 준공된 오피스텔이 당당하게 서 있다. 이 지역은 미군부대가 이번에 대대적으로 확장되기 이전부터 상권이 형성된 곳이라 상가가 잘 발달된 곳이다. 따라서 최근 땅값이 평당 4,000만 원을 호가하는 곳이 되었다. 이 오피스텔은 애초에 미군 임대용으로 분양되었다. 실평수 13~18평, 분양가 2억 원 이하다. 분양 당시에는 오피스텔이 전국적인 인기를 끌던 시기였기에 이 오피스텔도 분양을 시작한 지 3개월 만에 완판, 평택에서도 화제가 되었던 오피스텔이다. 미군부대 이전에 따른 고수익형 투자라고 한국식으로 판단한 투자자들이 전국 각지에서 몰려들었다. 이들은 미국인들의 생활방식에 대하여 잘 알지 못한 채 분양 열풍에 휘말려 허겁지겁 분양받았다. 당첨된 투자자들은 로또를 맞은 심정이었다고 한다. 하지만 2억 원 이하의 투자로 매월 200만 원 정도의 고수익 임대료를 기대했던 이들에게 돌아온 것은 준공된 이후 1년 이상 지속되고 있는 공실이다. 문제는 공실이 앞으로도 해소될 가능성이 매우 희박하다는 것이다. 미군을 포기하고 내국인에게 임대할 경우 임대수입은 절반 이하로 뚝 떨어지므로 내국인에 임대를 미룬 채 혹시나 하는 마음에 계속 공실을 유지하며 허구한 날 애만 태우고 있다.

거주공간은 적어도 25평은 되어야 하고, 개를 키울 수 있어야 하고, 고위직 하우스의 경우 풀옵션을 갖춰야 한다는 사실을 미리 알아두길 추천한다. 게다가 할로윈데이나 크리스마스, 추수감사절이나 생일에는 비록 하위직 사병들이라 하더라도 친구들을 집으로 초대하여 파티를 하기 때문에 충별로 독립적인 생활이 가능한 형태를 선호한다. 이처럼 미국식 생활방식을 제대로 알아야 하는데 그러지 못하고 우리나라 방식으로 이해하고 투자한다면 되돌리기 어려운 낭패를 보게 된다.

입지와 평수별로 수익 파악하기

　미군 렌탈하우스에 투자하고자 한다면 먼저 주택 크기에 대하여 알아야 한다. 사병이나 부사관 등 저임금 미군을 대상으로 하는 아파트나 빌라 등은 일단 제쳐두고, 월수입 200만 원 이상을 받을 수 있는 고수익형 투자에 마땅한 주택 크기는 두 가지다. 월세와 관리비를 포함하여 매월 400만 원 정도를 받을 수 있는 연면적 70~80평대 단독주택이 있고, 약 250만 원 정도를 받을 수 있는 연면적 50평대 단독주택이 있다. 둘 다 2층 주택이다. 이러한 주택 크기는 미군주택과가 정한 기준치에 부합하는 크기이다. 70~80평대 주택의 수요자는 고급장교나 군무원들로서 그 수요가 약 3,500세대 정도이고, 50평대 주택 수요자는 부사관이나 하급 장교들로서 그 숫자는 약 5,000여 세대로 업계는 보고 있다.

　그런데 현재 미군부대 주변에 공급되고 있는 주택은 월 400만 원대 고수입을 얻을 수 있는 70~80평대에 집중되고 있는 것이 현실이다. 현지에서 필자가 직접 알아본 결과 70~80평대 주택은 2017년 6월 현재 약 1,000

여 세대가 공급된 것으로 파악되고 있어 2017년 하반기와 2018년도에 걸쳐 약 2,500세대가 추가로 공급되어야 한다. 그런데 공급은 매우 더딘 편이어서 2020년은 되어야 수급이 맞추어질 전망이다.

반면 50평대 단독주택은 공급이 훨씬 더 부족한 상황이다. 그러나 50평대 주택에 입주하려는 미군들은 반드시 단독주택에만 입주하라는 법이 없다. 평택에 있는 기존 빌라나 아파트에 입주할 수도 있기 때문에 이들이 반드시 단독주택만을 원하는 것은 아니므로 5,000세대가 반드시 신규로 공급되어야 할 유효수요라고 보기는 어렵다.

그렇지만 높은 주택수당을 지원받는 고급장교나 군무원들이 필요한 70~80평대 3,500여 세대는 반드시 필요한 숫자이다. 이들은 기존의 빌라나 아파트보다 훨씬 잘 지어졌고 널찍한 잔디밭과 바비큐장이 제공되는 미국식 2층 주택에서 살기를 원한다. 미군부대 내에서도 브레인으로 통하거나 전문직 종사자들인 이들은 고임금을 받는 데다 주택수당도 높아 부유한 삶을 꾸릴 수 있으므로 좋은 환경의 큰 평수를 원하는 것은 당연한 것이다. 이런 주택들은 2016년부터 공급되기 시작한 상황이므로 주택 공급업체들은 70~80평대 주택을 우선적으로 공급하고 있다. 투자자 입장에서 보아도 노후대비책으로 이만한 상품이 없고 수익성과 안정성이 높다는 점, 유효수요가 확실하다는 점, 주택 공급업체의 수익에도 부합한다는 점 등이 맞아떨어져 70~80평대부터 공급되고 있는 것이다.

70~80평대 주택에 투자하려면 종잣돈이 2억 5,000만 원은 있어야 가능하다. 가령 분양가 6억 원짜리 주택을 예로 들어보자. 이 주택은 60% 융자가 가능하므로 3억 6,000만 원을 융자하면 2억 4,000만 원이 든다. 여기에

취득세 1.3%분인 780만 원과 임대계약서 작성 후 중개비용으로 약 200만 원을 더하면 제비용이 약 1,000만 원인 셈이니 실투자금이 2억 5,000만 원쯤 드는 것이다.

분양가 6억 원짜리 렌탈하우스를 융자를 끼고 2억 5,000만 원을 투자할 경우 투자자가 얻는 순수입은 얼마나 될까? 건물주는 월세와 관리비 포함하여 월 400만 원 정도를 받는다. 여기서 3억 6,000만 원에 대한 이자 약 100만 원을 제하고, 월 관리비 약 70만 원을 제하면 230만 원이 남는다. 이 돈이 순수입이다. 여기서 관리비라 함은 임차인이 사용하는 전기, 수도, 가스 등 제반비용과 주택위탁관리회사의 관리비까지 포함한 개념이다. 연간 순수입 2,760만 원을 실투자비 2억 5,000만 원으로 나누면 11% 정도의 수익률이 나온다. 이 정도 수익률은 정말 수익형 부동산 투자에 있어서 단연 최상급에 속한다. 서울에서 13억 원짜리 원룸 건물을 융자 4억 원과 보증금 6억 원을 끼고 3억 5,000만 원을 들여 구입할 경우 이자를 제한 임대료가 약 170만 원 정도이다. 이 물건은 필자가 중개한 성수동 인근의 신축 원룸 건물의 실제 상황이다. 임대수익률이 5.8%다. 요즘 서울에서는 레버리지 효과 포함하여 임대수익률이 5%가 넘으면 우량한 수익형 부동산으로 통한다. 이러니 평택 렌탈하우스에 투자할 경우 웬만하면 10%는 손쉽게 넘으니 얼마나 환상적인가!

70~80평대 렌탈하우스 분양가 수준은 미군부대에서 가까울수록 높고 멀수록 낮다. 미군부대 주변인 팽성읍에 소재한 렌탈하우스의 경우 분양가가 7억 원 내지 8억 원이다. 이 경우에도 임대료는 400만 원인데 실투자금은 3억 원대이므로 수익률이 7~9%대이다. 자동차로 10분 거리의 렌탈

80평형대 렌탈하우스 단지　　　　　　　　　　　50평형대 렌탈하우스 단지

하우스의 경우 분양가가 5억 4,000만 원부터 7억 원 사이에 형성되고 있다. 20분 이상인 경우는 5억 원부터 6억 원 사이로 보면 된다. 멀수록 수익률은 높지만 20분 이상 소요될 경우 주거환경이 뛰어나지 않다면 나중에 공실이 발생할 가능성이 있으므로 잘 따져서 투자해야 한다.

연면적 50평 정도 되는 분양가 4억 원짜리 렌탈하우스를 분석해보자. 분양가의 60%를 융자를 얻으면 1억 6,000만 원이 들고 여기에 취득세 및 제비용 1,000만 원을 더하면 실투자금이 1억 7,000만 원이다. 월세와 관리비 포함하여 월 250만 원 정도를 받으므로 여기서 융자금 2억 4,000만 원에 대한 이자 약 65만 원을 제하고, 월 관리비 약 55만 원을 제하면 130만 원이 순수입이다. 연간 1,560만 원이니 실투자비 1억 7,000만 원으로 나누면 9.1% 정도의 수익률이다. 앞의 70~80평대에는 약간 미치지 못하지만 타 수익형 부동산에 비하면 역시 고수익성 투자임에 틀림없다.

아파트 투자에 있어서 직주근접은 기본으로 통한다. 직장이 가까운 곳에 있는 주택이 좋다는 것이 직주근접이지만 미군용 렌탈하우스 투자에 있어서 직주근접은 꼭 들어맞지는 않는다. 오산 공군기지는 오산에 있는 것이 아니라 평택의 북단에 가까운 송탄역 인근에 있지만 공군기지에서 근무하는 군무원 중 부대 남쪽 직선거리 30km의 아산시 성내저수지 주변의 렌탈하우스로 이주하는 경우도 있다. 자동차로 30분은 족히 걸리는데도 자연환경을 찾아 멀리까지 이주해오는 것이다.

매입부터 관리까지 실전 투자 노하우

　미군 렌탈하우스 투자는 황금알을 낳는 투자라는 것은 잘 알겠는데, 도대체 어떻게 좋은 물건을 고르고 또 어떤 과정을 거쳐서 임대계약을 체결하는지, 임대료 체불 가능성은 없는지, 임차인이 나가면 누구에게 중개를 의뢰해야 하는지, 중개비는 얼마나 되는지, 건물관리는 어떻게 해야 할지 등 걱정이 클 것이다. 필자는 평택 미군 렌탈하우스에 깊숙하게 관여하다 보니 이러한 고민에 대한 명쾌한 답을 알고 있으므로 예비투자자들께 속 시원하게 설명해드리겠다.

　먼저 렌탈하우스 고르기다. 렌탈하우스는 위에서 살펴본 바와 같이 평택시 팽성읍과 아산시 둔포면에 집중되어 있다. 미군부대가 있는 팽성읍의 렌탈하우스는 시세가 7억~8억 원이다. 단지규모는 대부분이 10세대 이하이고 어쩌다 15세대쯤 되고 30세대는 1~2단지에 불과하다. 대지가 100평 이내가 대부분이고 연면적은 70~80평이다. 땅값이 비싸다 보니 대지면적이 적어 잔디밭이 없거나 있어도 시늉만 내는 정도다.

반면, 아산시 둔포면으로 가면 시세가 5억 5,000만 원부터 7억 원 사이다. 대지가 130평 정도 되어 잔디정원도 제대로 갖추고 있고 30세대 이상의 대단지가 제법 된다. 50세대, 80세대짜리도 있고 100세대를 계획 중인 단지도 있다.

미국식 생활방식에 부합하는 입지와 세대규모가 가급적 큰 대단지를 고르면 좋다. 모델하우스나 조감도를 통하여 주택 내·외관을 살펴볼 수 있다. 대개는 선분양이므로 모델하우스가 없는 경우가 많다. 선착순 분양이므로 빨리 계약할수록 좋은 입지의 주택을 선점할 수 있다.

분양받은 시점부터 준공까지는 짧게는 6개월, 길게는 1년 걸린다. 아파트는 2~3년 걸리지만 2층짜리 전원주택을 짓는 것은 50채가 넘는 대단지라 하더라도 1년 이내에 가능하다. 계약금과 1차, 2차 중도금을 합하여 약 40%를 내면 나머지는 잔금대출로 가능하다. 정부의 8·2 부동산 대책으로 서울의 경우 대출이 까다롭지만 평택이나 아산의 경우 요주의 대상지역이 아니므로 투자자의 신용에 문제가 없다면 대출은 문제가 안 될 것이다.

준공시점이 다가오면 시행사는 지자체에 사용승인 허가를 요청한다. 동시에 미군부대 앞 임대 전문 중개사들에게 준공이 임박함을 알린다. 정보를 접수한 중개사들은 미리 현장 답사를 하고 미군주택과와 긴밀한 커뮤니케이션을 통해서 임차인을 맞춰준다. 이와는 별도로 시행사나 분양사는 미군부대 내 신문인 〈스트라이프Stripes〉에 렌탈하우스 광고를 냄으로써 주택 수요자들에게 정보를 제공한다.

한편 주택이 필요한 미군이나 군무원은 부대 내 미군주택과나 부대 앞 중개업소에 들러 매물정보를 접수하고 중개사를 대동해서 현장답사를 한다. 답사한 기존 주택이나 준공 직전의 주택 중 마음에 드는 주택을 고른다. 이렇게 하여 준공되기 전인 주택이라도 사전에 누가 입주할지가 거의 정해진다.

지자체의 준공검사에 합격 후 시행사가 미군주택과에 검열을 신청하면 3일 내로 검열을 나오게 된다. 주택 공급업체들은 미군주택과가 정한 기준에 맞추어 시설을 구비하고 있기 때문에 검열에서 탈락하는 경우는 거의 없다.

이제는 임대차계약 체결이 남았다. 중개사는 집주인에게 연락하여 계약일을 정한다. 집주인이 원거리로 참석이 어려우면 위임장으로 대신한다. 렌탈하우스를 분양받으면 준공 이전에 주택관리 전문 업체에서 주택관리 및 임대 관리에 관한 위임장을 달라고 한다. 이 위임장으로 임대차계약 시 불참해도 계약 체결이 가능한 것이다. 계약은 중개사 사무실에서 하며 중개사가 계약서 작성을 맡는다. 이때 임차인과 미군주택과 직원이 참석하여 각자 서명하면 체결이 완료된다. 체결 직후 미군주택과는 집주인 계좌로 1년 치 임대료를 송금한다. 어떤 경우는 1년 치가 아닌 월 단위로 송금하기도 하지만 고급주택인 경우 대개 1년 치를 한 방에 송금한다.

임대계약에 대한 중개비는 연간 임대료에서 관리비를 제외한 금액의 6%로 정해져 있다. 0.6%가 아니다. 6%다. 혼동하지 말아야 하는 것이 이것이다. 미군 상대가 아닌 내국인끼리 임대차계약을 할 때 적용되는 중개비는 3억 원 초과 6억 원 이하의 경우 0.4%다. 가령 보증금 1억 원에 월세 300만 원짜리인 경우 월세 300에 100을 곱한 후 보증금을 더한 4억 원을 기준으로 0.4%인 160만 원이 수수된다. 그런데 미군들의 임대료 중개비는 월세에 100을 곱하지 않고 연간 임대료가 4,800만 원이라면 여기서 1,000만 원 정도인 관리비를 제한 나머지인 3,800만 원에 대하여 6%를 청구하게 된다. 그러므로 중개비는 약 228만 원이니 조금 협상하면 200만 원쯤 된다. 내국인의 경우 160만 원이면 되는 것인데 미군을 상대로 하면 40만~50만 원 더 나간다고 보면 된다.

한 가지 참고할 것은 미군 임대계약은 매년마다 갱신해야 한다. 우리는 2년마다 하는 데 익숙하지만 여기서는 무조건 1년마다 한다. 1년마다 중개비 200만 원씩 나가는 것이 아깝다고 생각할 수는 있지만 임대료 체불 없이 한 번에 1년 치를 받는 혜택이 있다. 또한 매년 미군주택은 물가인상 수준으로 임대료를 인상해준다. 그리고 용산기지 주변에서는 임대료가 연간 7,000만 원 정도 했는데 평택은 4,800만 원선이니 여유가 많다. 그러므로 앞으로 몇 년 동안은 임대료가 매년 3~5% 정도씩은 인상될 것으로 전망되니 중개비에 대하여 그리 아깝게 생각하지 말길 바란다. 만일 임차인이 3년이든 5년이든 근무 후 본국으로 갈 경우 임차인 수배는 주택 위탁관리업체가 알아서 해주니 이 또한 걱정할 것이 없다.

이번엔 주택관리에 대하여 알아보자. 주택 위탁관리업체는 당신을 대신해서 임차인의 각종 요구에 답한다. 어디 고장이 나면 대신 처리하고 비용은 당신에게 청구할 것이다. 매년마다 건물 외벽청소며 단지 내 조경관리며 모든 관리를 도맡아 하니 당신은 신경 쓸 일이 없다. 주택 위탁관리업체는 영어회화가 가능한 직원들이 근무하므로 입주민인 미국인들과 의사소통에 문제가 없다. 그런 만큼 직원들의 임금수준도 높은 편이다. 이 업체들은 한 단지만 관리하지 않고 여러 단지들을 관리하므로 주택관리 노하우 및 임대차관리에 능하다. 필자가 렌탈하우스 투자수익을 계산할 때 제시한 관리비 70만 원 속에 주택 위탁관리업체 용역비가 포함되어 있다. 그 돈으로 당신이 주택임대인으로서 관리와 관련된 모든 걱정이 해소된다. 그저 1년마다 계약하고 나서 1년 치 돈이 들어오면 그 목돈을 어떻게 굴릴지 행복한 고민에 빠지면 되는 것이다.

프리미엄을 기대할 수 있는 투자 전략

용산, 파주, 의정부, 동두천을 비롯하여 전국에 산재되어 있는 미군부대의 상당수가 평택으로의 이전이 2017년도에 시작되었다. 2017년 상반기에 춘천과 원주기지가 이전을 시작했고 용산 기지는 2017년 9월부터 2018년 말까지 이전할 예정이다. 의정부와 동두천은 2020년까지 이전을 완료할 예정이다. 즉 2020년 말까지 순차적으로 기지 이전을 마무리할 것이다. 기존의 평택에 있던 미군부대는 부지규모가 약 170만 평 정도였으나 이번에 450만 평 규모로 대폭 확장되었으며, 지난 수년간 시설공사를 해온 끝에 2017년도부터 이전을 시작한 것이다.

부대 이전이 완료될 즈음이면 렌탈하우스 공급도 자연스레 멈출 것이다. 그때부터 렌탈하우스는 단지별, 브랜드별로 치열한 옥석 가리기가 시작될 것이고, 미군과 군무원들의 선호가 집중되는 단지는 프리미엄이 치솟을 것이다. 반면, 부실공사로 소문이 나거나, 혐오시설 인근지역에 위치하거나 단지규모가 2채, 5채, 10채 전후의 자투리 단지는 프리미엄은커녕 공실이 발생할 가능성이 클 것이다.

하늘이 내려준 노후대책으로 단군 이래 최고의 투자기회라 할 만한 미군 렌탈하우스 투자! 장기적으로 안정적인 고수익을 얻을 뿐만 아니라 이왕이면 프리미엄도 기대할 수 있는 투자를 위해서는 어떤 조건들이 충족되어야 하는지 알아보자.

단지 규모가 30세대 이상 되어야 한다

평택 미군부대인 캠프 험프리스를 둘러싼 팽성읍에는 예전부터 미군용 렌탈하우스들이 공급되었다. 이번에 확장되기 전까지는 주로 빌라 형태로 공급되었다. 그러다가 미군부대 확장에 맞추어 2년 전부터 단독주택들이 공급되기 시작했다. 안정리, 근내리, 동창리, 석봉리 등이 대표적인 렌탈하우스 밀집 지역이다. 이들 지역에 가보면 렌탈하우스 단지 규모가 큰 것이 거의 없다. 작게는 2세대부터 5세대, 10세대 전후의 작은 단지들이다. 부대 주변에서 200평, 300평, 500평 등 소규모 토지매물이 나오는 대로 2채, 3채, 5채씩 주택 공급업체들이 렌탈하우스를 지은 것이다. 팽성읍에는 10채 이상 되는 단지는 드문 편이다. 30채 정도 되는 단지는 한둘에 그친다. 대다수는 10채 이하의 잔챙이 단지에 불과하다.

이 지역의 렌탈하우스 신축용지 가격은 저렴한 매물이 평당 150만~300만 원 수준이다. 월세와 관리비를 포함해서 매월 400만 원이 나오는 렌탈하우스는 대지가 최소 100평이고 연면적이 70~80평이다.

원가를 따져보자. 부지 평당 200만 원짜리가 100평이면 땅값만 2억 원이고 여기에 토목비, 대지전용비용과 취득세, 중개비를 포함하면 2억 5,000만 원쯤 된다. 건축비로 평당 450만 원을 잡으면 3억 6,000만 원이니 합하면 6억 1,000만 원이다. 여기에 분양수수료를 더하고 시행사 마진을 더하면 분양가가 7억 원이 된다. 만일 부지 평당 300만 원짜리에 렌탈하우스를 지으면 분양가는 8억 원쯤 된다.

그러나 앞으로 2~3년 후 부대 이전이 완료되고 부대 외곽지역에 대단지 주택 공급이 완료될 경우 부대 가까이의 10채 전후의 소규모 단지들은 거주 여건이 외곽의 대단지에 비해 상대적으로 매력이 떨어질 것이다. 팽성읍의 외곽지역이나 팽성읍과 남방에 인접한 아산시 둔포면의 드넓고 거주 환경이 우수한 곳에 대단지들이 속속 들어서게 되면 잔챙이 단지에서는 임차인들이 대거 빠져나갈 위험도 있을 수 있다.

생각해보라. 미군 고위간부로서 또는 고임금을 받는 군무원들은 미군주택과로부터 자신의 지위에 걸맞은 월 400만 원대의 주거지원금(임대료)을 받는다. 이 지원금은 자신의 계좌로 입금된 것을 자의적으로 사용하는 것이 아니라 자신이 선택한 집을 계약하면 미군주택과에서 집주인 계좌로 임대료가 직접 송금된다. 따라서 자신이 부대 주변과 가깝지만 상대적으로 옹색하고 열악한 주택에 굳이 거주할 필요가 없는 것이다. 그렇다고 그 절감된 돈이 자기 돈이 되지 않으므로 자신에게 주어진 주거지원금이 허락하는 한 부대 외곽에 신규로 럭셔리하게 공급되는 우량단지로 이전하게 되는 것은 자연스런 현상이다.

렌탈하우스 단지 규모가 30세대 이상이 되면 자연스럽게 커뮤니티가 형성이 된다. 단지 안에 어린이 놀이터나 주민 편의시설도 들어선다. 규모가

60세대 이상이 되면 더욱 좋다. 키즈카페도 들어서고 주민을 위한 체육시설과 조깅코스, 수영장, 편의점 등도 들어설 수 있게 된다. 도시가스도 쓸수 있다. 입주자들의 거주 만족도가 상승하고 커뮤니티도 탄탄해진다. 단지 입구 초소에 24시간 수위도 근무하여 보안도 한층 좋아진다. 단지 규모가 100세대 이상이라면 두말할 나위도 없다. 2017년 9월 현재 미군 임대용 주택단지로서 100세대 이상이 되는 단지는 계획만 입안되고 있을 뿐 실제로 공급되고 있지는 않다. 머지않아 한두 단지 정도는 나타날 수 있겠지만 사실 100세대 이상 단지는 태어나기가 현실적으로 매우 어렵다.

우수한 주거환경을 살펴야 한다

30세대 이상이면서 주변 경관이 수려하다면 금상첨화다. 강변이나 호수 주변, 조망이 좋은 산자락도 좋다. 주변이 구릉지여서 숲으로 둘러싸인 곳도 좋다. 들판의 농지나 과수원을 조망할 수 있는 목가적인 곳도 좋다. 미국인들은 부대에서 자동차로 출퇴근한다. 부대 주변은 교통체증도 거의 없으므로 부대에서 10~20km 떨어진 곳도 주거환경이 좋을 경우 기꺼이 찾아온다.

팽성읍은 부대는 가깝지만 땅값이 너무 비싸서 대단위 렌탈하우스 부지로서 맞지 않는다. 따라서 부지 수급이 비교적 수월하고 교통체증도 없고 간선도로를 통하여 10~20분에 주파할 수 있는 아산시 둔포면이나 영인면 지역에 대형 우량 단지들이 들어서고 있다. 목가적인 주거환경이 좋은 지역으로는 둔포면 신남리와 신봉리를 들 수 있고, 저수지를 조망할 수 있는 영인면 성내리도 좋다. 2018년도에 아산호를 가로지르는 도로가 개통되면 부대 접근성도 좋아지고 아산호를 조망할 수 있는 평택시 현덕면 신왕리도 유망하다.

혐오시설을 피해야 한다

팽성읍에서 비행기(헬기) 소음이 심한 지역과 사격장 소음으로 고통받는 지역이 있다. 바로 석근리와 송화리다. 참고로 전투기나 수송기 등 주요 공군기들은 오산 공군기지를 이용한다. 그러나 팽성읍의 미군부대는 군용 비행장도 있지만 실제로 매일 가동되고 있는 비행기는 주로 군용헬기다. 헬기들이 작전을 마치고 저녁시간에 부대에 복귀하면서 착륙을 위해 고도를 낮추어 접근하는 지역이 석근리다. 이곳은 헬기들이 줄지어 착륙을 할 때에는 창문도 흔들리고 굉음이 커서 이 동네 주민들의 삶은 고통스럽다. 민원을 넣는다고 해결될 문제가 아니다. 또한 송화리에는 사격장이 있어 사격 때마다 총성으로 마음을 심란하게 한다. 미군이 소파(SOFA) 협정으로 2060년까지 주둔하는 한 헬기 하강 동선도, 사격장 총성도 지속될 것이다. 2060년 이후 미군 주둔이 연장되면 고통은 지속된다. 이런 숙명을 안고 살아가야 할 지역이 바로 이곳이다. 희한하게도 이 동네에도 렌탈하우스가 있다. 이런 곳엔 누구든 살고 싶어하진 않을 것이다.

평택시와 아산시에 가면 들판과 산지 곳곳에 고압선 철탑들을 심심찮게 볼 수 있다. 그런데 반경 500m 이내에 고압선이 지나가는 곳에도 렌탈하우스가 공급되기도 한다. 고압선 주변이나 헬기 하강로 주변의 굉음, 사격

소음 등으로 시달리며 거주할 임차인을 구한다는 것은 미션 임파서블이 아닐까.

주홍글씨 단지를 피해야 한다

이 책을 읽는 독자 중에는 근래에 평택 미군 렌탈하우스 분양광고를 보고 현장답사를 다녀온 분들도 분명히 있을 것이다. 팽성읍 미군부대 안정게이트 앞은 기지촌으로 카페와 음식점, 클럽 등이 즐비하다. 또한 영문으로 된 부동산중개 간판을 내건 중개업소들이 넘쳐난다. 이곳의 중개사들은 영어를 할 줄 안다. 이들 중 48개 업체는 미군주택과에 정식으로 등록되어 있고 미군들의 렌탈하우스 계약을 담당한다. 이곳의 중개업소에 들러서 한 번 알아보길 바란다. 어떤 업체 또는 단지가 부실공사로 악명이 높은지를 말이다.

어떤 브랜드는 부실공사가 심하여 준공된 직후 전 세대가 임대 완료되었으나 1년 후 재계약 시점에 50세대 중 20세대의 임차인들이 빠져나갔다고 한다. 그 후 이 단지는 주홍글씨가 새겨져서 중개사들이 임대 주선을 하지 않는다고 한다. 한 번 주홍글씨가 새겨지면 여간해서는 지워지지가 않는다. 다음부터는 똑바로 짓는다고 해도 세상이 믿어주지를 않는다. 그러다 보니 약삭빠른 그 업체는 브랜드 이름을 바꾸어 분양하고 있다. 지금 평택에서 벌어지고 있는 일이다. 이 업체는 이 분야에서 오랜 경력을 자랑한다. 오래했다고 다 잘하는 것은 아니다. 이를 모르는 수분양자는 잠재적인 희생양이 될 수 있는 것이다. 여러분이 렌탈하우스 투자에 나설 때는 브랜드의 인지도에 대해 깊이 알아볼 필요가 있다.

이런 실패를 피하려면 먼저 현장답사를 통해 입지와 설계도면, 투시도 등을 면밀히 검토해야 한다. 모델하우스가 있다면 좀 더 확실하다. 렌탈하우스 투자는 잘만 하면 평생 고수익인 데다 신경 쓸 일이 매우 적은 신선놀음 같은 임대업이다. 그런데 만일 날림공사 브랜드라는 악명을 얻은 브랜드를 사거나 분양받는다면 옴짝달싹할 수 없는 최악의 투자로 끝날 수 있는 투자이기도 하다. 그런 집을 분양 받고 초기엔 천국같이 느끼던 삶에서 지금은 줄담배로 가슴 졸이고 있는 투자자들이 평택 이곳저곳에서 울고 있다.

가성비가 좋은 단지를 찾아라

프리미엄은 분양가 대비 웃돈을 말한다. 웃돈이 붙으려면 첫째, 제값보다 낮은 가격으로 분양되어야 한다. 비슷한 물건이 한곳에서는 6억 원에 분양을 하고 또 한곳에서는 7억 원에 분양을 하는 경우도 있다. 현재 아산시 둔포면에서 벌어지고 있는 실제상황이다. 7억 원에 분양하는 물건이 대지면적이 약간 크고 건물 연면적도 조금 더 클 수는 있다. 그러나 7억 원짜리나 6억 원짜리나 임대료는 400만 원으로 같다. 이 경우 당신은 7억 원짜리를 선택하겠는가 아니면 6억 원짜리를 선택하겠는가. 답은 정해져 있다. 부동산 투자도 비즈니스다. 시세차익을 남기려면 가치 대비 저렴해야 함은 두말하면 잔소리다. 투자자들에게 프리미엄으로 돌아갈 차익을 시행사가 가로채는 물건은 아닌지 잘 따져보고 골라야 한다.

임대수익률이 10% 이상인 물건을 잡아라. 요즘 렌탈하우스 분양광고를 보면 수익률이 12~15%라는 과장광고를 흔히 볼 수 있다. 분양가가 6억 원이고 60%를 융자 끼고 실투자금 2억 5,000만 원으로 렌탈하우스를 구입하면 임대료 400만 원에서 이자 100만 원을 제한 300만 원이 순수입이므로 수익률이 14.4%가 되니 거의 15%가 나온다는 논리다. 그러나 300만 원이 순수입이 될 수 없다. 임차인이 쓰는 전기, 가스, 수도세와 건물관리업체의 위탁관리비 등 총 70만 원이 빠져나가면 실제로 손에 쥐는 돈은 230만 원이다. 230만 원을 기준으로 하면 수익률은 11%가 된다. 이 정도만 해도 대단히 훌륭하다. 대한민국에서 임대수익률 10%가 넘는 투자는 단언컨대 이것밖에는 없다. 있다고 하면 지방의 원룸 건물인데…. 원룸 건물은 새나가는 돈이 많고 관리가 번거로운 단점이 있다. 10년 지나면 풀옵션 교체비용으로 뭉칫돈이 들어간다. 렌탈하우스처럼 잘 고르면 임대료 체불 걱정이 없고 관리도 위탁관리업체가 해준다. 세상에서 가장 편한 임대업으로 10% 이상의 수익률을 얻는다는 것은 두말할 나위도 없이 최상급 투자다. 이런 최상급 투자가 되기 위해서, 그리고 프리미엄이 붙기 위해서는 레버리지 효과를 포함해서 수익률 10% 이상이 되는 물건을 잡아야 하는 것이다.

평택 미군 기지와
렌탈하우스 제대로 알기

　이 글에서는 용산과 의정부, 동두천, 파주 등 수도권에 있던 미군 기지들이 왜 평택으로 이전하게 되었는지 그 배경과 이전 효과에 대하여 알아보겠다. 요즘 계속되는 북한의 미사일 도발과 국내 정권교체, 트럼프의 외교정책 등과 연계하여 미군이 앞으로 혹여 철수하지는 않을지, 그럴 경우 렌탈하우스 투자는 도로 아미타불이 되는 것은 아닌지에 대해서도 논하겠다. 또한 미군 기지 이전으로 인하여 요즘 매체에서 투자를 유혹하는 광고를 흔히 볼 수 있는데 과연 렌탈하우스 투자는 안전한 것인지 말이다. 도대체 그것이 어떤 상품이며 어디에 입지해야 좋은지, 갖추어야 할 필수 요소가 무엇인지 등에 대하여 지금까지 누구도 전문적 식견을 드러내지 않았다. 이에 필자는 이 분야에 대하여 지난 수개월간 현장 취재와 렌탈하우스 공급자인 시행사, 분양사와 인터뷰, 필자가 직접 렌탈하우스 분양에도 관여하면서 얻은 생생한 경험과 연구를 종합한 결과를 이 글에 담고자 한다. 투자자에게 필요한 정확한 정보를 제공해야 한다는 깊은 사명감을 가지고 심층적이면서 알기 쉽게 설명하겠다.

| 미군 기지 이전의 역사적 배경 |

　미군 기지 이전은 그럴 만한 충분한 이유가 있었다. 전쟁의 잿더미로부터 불과 수십 년 만에 한강의 기적을 이룬 것으로 세계적인 칭송을 받고 있는 대한민국은 지금 누가 뭐래도 강소국으로서 G10급, 백보 양보해도 최소한 G20급 위상을 점하고 있는 것이 사실이다. 국력이 신장했음에도 불구하고 수도 서울에 외국군이 주둔하고 있다는 것은 민족적 자긍심뿐만 아니라 도시발전에도 바람직하지 않다는 국민적 공감대가 형성되자 자연스럽게 미군 기지의 이전이 이슈화된 것이다.

　서울 한복판에 있는 용산 미군 기지 외에도 의정부, 파주, 동두천, 부산 등 도시지역에 위치한 기지들이 도심이 확장되면서 도시개발이 제한을 받고, 군사훈련으로 인한 교통장애가 발생하고, 미군 범죄가 빈발하는 등 원성의 대상이 되어왔다. 미군 측에서도 전략적 유연성을 확보하고 주한미군의 효율적인 부대 운용을 위해 미군 기지 체계의 재정비와 통합 등을 목적으로 미군 기지 재배치 계획에 동의하게 된 것이다.

　용산 미군 기지 이전사업은 1987년 노태우 대통령 후보가 용산 미군 기지 이전을 공약으로 제시한 후 대통령에 당선되면서 한·미 간 기본합의서와 양해각서 체결로 첫발을 떼었다. 그러나 과중한 이전비용 부담 문제로 표류하다가 2003년 노무현 대통령이 조지 부시 대통령과 정상회담에서 조기 이전에 합의함에 따라 속도를 내기 시작했다. 이듬해 국회는 미군 기지 이전 비준에 동의하고 평택시 지원 특별법을 제정하여 제도적 뒷받침을 하였다. 2007년에는 용산공원 조성 특별법이 제정되었고 2011년에는 종합기본계획이 고시되어 법적 뒷받침이 완료된 것이다.

| 의의와 평가 |

용산 미군 기지와 미 제2사단의 평택 이전이 완료되면 주한미군 기지는 주한미군부대 운용의 효율성 증대는 물론 국토의 균형발전과 국민들의 불편 해소에도 기여할 것이다. 또한 평택기지와 공군이 있는 오산기지는 일본의 오키나와 및 괌 기지와 함께 동북아시아에서 한반도뿐만 아니라 중국을 견제하는 미군의 허브Hub가 될 것이다.

여의도 면적 5배에 이르는 평택기지는 미군의 해외 단일기지로는 세계 최대 규모라 한다. 기존 미군 기지는 전국적으로 91개 구역에 분산돼 있었으나 중부는 평택, 남부는 대구 등 2개의 허브로 집결되어 미군은 전력을 집중적으로 운용할 수 있게 된다. 전략적으로는 효율성이 향상되고 장사정포 등 북한의 직접적인 타격권에서 벗어나 생존성도 개선될 것으로 기대하고 있다. 유사 시 평택항과 오산 공군기지를 통한 신속한 미군 증원 전개도 가능하게 되었다.

| 미군 기지 이전 시점 |

2017년 상반기에 춘천, 원주부터 부대 이전이 시작되었고 7월에 미 8군 사령부가 이전했으며 2017년 9월부터 용산기지 이전이 본격화된다. 당초 계획은 2017년 말까지 이전을 완료할 계획이지만 기지 내 시설 구비 지연과 영외거주용 렌탈하우스 부족 등으로 2017년 말까지는 이전 완료가 현실적으로 어렵다. 하지만 이를 순차적으로 진행해서 2018년 말까지 완료할 것으로 업계는 전망하고 있다. 의정부와 동두천 기지는 2020년까지 이전이 완료될 예정이라 한다.

| 소파협정 |

'소파SOFA, Status of Forces Agreement협정'이란 대한민국과 미국 간의 상호방위 조약 제4조에 의한 시설과 구역 및 대한민국에서의 미국 군대의 지위에 관한 협정이다. 일반적으로 국제법상 외국 군대는 주둔하는 나라의 법질서에 따라야 하지만, 주둔하는 나라에서 수행하는 특수한 임무의 효율적 수행을 위해 쌍방 법률의 범위 내에서 일정한 편의와 배려를 제공하게 된다. 그리고 이것은 해당 국가와 미군 간에 행정 협정의 체결로 보장된다. 이에 따라 맺어진 주한미군의 지위에 관한 협정이 한미 행정 협정이며 우리나라는 국회의 비준을 거쳐 맺은 조약이다. 전 세계적으로 미군과 소파협정을 맺은 나라는 한국을 비롯하여 85개국에 이른다고 한다.

미군부대의 한국 주둔의 제도적 근거는 바로 이 조약에 근거한다. 따라서 정권이 바뀐다고, 트럼프가 변덕이 심해 한미방위조약을 여반장처럼 뒤집을지 모른다거나, 김정은이 지속적으로 미국을 핵공격하겠다는 협박 때문에 골치가 아프다는 이유로 미군이 철수하는 일은 일어나지 않을 것이다.

남북이 통일된 이후라도 한·미 간 혈맹관계 지속 및 미국의 중국 견제 입장 지속, 일본 방위와 태평양 제해권 방어 등 미군의 한반도 주둔 필요성은 비단 소파협정 종료시점인 2060년까지뿐 아니라 그 이후까지 지속되는 것은 당연할 것이다. 그만큼 미군 철수 염려는 원천적으로 걱정할 필요가 없다. 미군의 국내 주둔은 싫든 좋든 계속 유지될 것이기 때문이다.

| 평택 미군 기지(K-6 캠프 험프리스) 규모와 시설 |

평택 기지는 부대 면적이 약 450만 평으로 일산신도시에 준하며 여의도의 5배 크기다. 하나의 거대한 군사도시인 것이다. 부대 내에는 종합병원 건물 5개동, 사병과 간부 거주용 주택 82개동, 복지시설 89개동, 본부·행정시설 86개동, 초등학교 4곳, 중학교 2곳, 고등학교 1곳, 정비시설 33개동, 골프장, 대형마트 등 총 513개동의 크고 작은 건물들이 들어서게 된다. 2017년 7월 기준으로 80%의 건설공정률을 보이고 있어 2018년 말쯤 건설 사업이 마무리될 것으로 보인다.

평택 기지에 근무할 주한미군과 군무원 카투사 및 한국인 근로자 등 약 4만 5,000명에 이르고 가족까지 포함하면 약 8만 5,000여 명으로 추산된다. 여기에 관련 업계 종사자와 기지촌 상인 등을 포함하면 미군 기지 주변으로 유입되는 인구가 약 20만 명에 이를 것으로 업계는 보고 있다.

| 렌탈하우스 입지 |

렌탈하우스에 적합한 지역은 크게 2곳이다. 즉, 군부대가 속한 팽성읍과 아산시 둔포면이다. 먼저 팽성읍은 부대까지 반경 5km 이내에 렌탈하우스가 들어서고 있다. 2017년 7월 현재 이 지역 땅값은 평당 150만~300만 원 선에 형성되어 있다. 대지 100평에 연면적 70~80평짜리 렌탈하우스 가격이 최소 7억 원부터 9억 원이 일반적이다.

팽성읍 북쪽인 고덕신도시 주변은 땅값이 더 비싸서 렌탈하우스 입지로는 부적합하다. 현시점에서 렌탈하우스 분양가는 최대치가 8억 원대이므로 땅값이 평당 300만 원을 넘으면 적합하지 않다. 따라서 팽성읍에서도 연일 치솟는 땅값 때문에 더 이상 적정가격의 렌탈하우스를 공급하기는 어렵다. 이로 인하여 군부대 남쪽이자 팽성읍과 경계를 이루는 아산시 둔포면에 신규 공급이 집중되고 있다. 둔포면은 43번 국도를 타면 군부대까지 10분 전후에 도달이 가능하여 교통이 매우 편리하다. 땅값도 상대적으로 저렴하여 연면적 80평대 하우스가 5억 5,000만 원 내지 7억 원 선에 공급되고 있다.

좀 더 남쪽으로 내려가면 영인면에 성내저수지가 있는데 이곳은 풍광이 수려하고 산이 병풍처럼 둘러싸여 있어 자연환경이 뛰어나다. 이곳에는 평택 미군부대 고급장교나 군무원뿐 아니라 오산 공군기지에 근무하는 미군들도 소문을 듣고 찾아온다. 교통체증이 없어 30분 이내에 오산까지 도달이 가능하니 좋은 환경을 찾아오는 수요가 있어 호수 주변을 렌탈하우스가 둘러싸고 있는 중이다. 군부대로부터 차로 20분 거리로 약간 먼 편이나 환경 프리미엄 때문에 거리가 있음에도 불구하고 분양가는 5억 원 중반부터 6억 원대에 분양되고 있다.

2018년 상반기에 도로가 개통되는 미군부대 좌측 아산호 건너편 현덕면 신왕리 일대도 유망 지역이다. 현재는 도로 공사 중이므로 하우스 공급이 없지만 2018년 초 도로가 개통되면 부대까지 10분 이내 거리이고 아산호 조망권을 가진 입지라서 미군의 선호도가 클 것이 확실하여 미래가치가 유망하다.

전체적으로 볼 때 자동차전용도로인 43번과 34번, 45번국도가 부대로 연결되는 도로이며 이 도로변에 군무원용 렌탈하우스가 대단위로 지어지고 있어서 미래가치도 좋은 편이다.

| 자동차로 30분 이내 |

미군의 비상시 부대 복귀시한은 군인의 경우 10분, 군무원의 경우 30분 이내다. 필자가 여기서 다루는 렌탈하우스는 가격이 6억 원이 넘고 연면적 70~80평대 주택으로서 임차인은 주로 군무원이다. 따라서 자동차로 30분 이내에 도착할 수 있는 경우 입지로서 합격이다. 자동차로 30분 거리는 반경 30km 이내를 말한다. 평택기지 주변의 교통상황은 현재로서는 체증이 없는 편이다. 10km는 10분, 20km는 20분, 30km는 30분으로 보면 된다. 그러나 미군부대 이전이 마무리되고 인구 유입이 마무리되는 2020년쯤에는 분명히 교통체증이 발생할 것이다. 그러므로 가급적 미군 기지로부터 20km를 벗어나지 않는 곳에 투자해야 한다. 호수나 바다 조망권이 있더라도 20km 이내가 좋고, 웬만하면 10km 이내가 안전하다.

| 도시가스 |

렌탈하우스가 갖춰야 할 필수 시설 중 하나가 도시가스다. 이는 편리한 취사에 절대적이기 때문이다. 서울 등 대도시의 경우 주택밀도가 워낙 조밀하여 도시가스를 연결하는 데 문제가 없다. 그런데 주택이 드문드문 있는 수도권 외곽지역에서는 집만 지으면 도시가스가 들어오는 것이 아니다. 미군부대가 있는 팽성읍만 해도 서울처럼 모든 주택에 도시가스가 공급되지는 않는다. 읍 소재지라고는 하지만 미군 렌탈하우스가 들어서는 곳은 부락이 형성되어 있는 곳의 빈 땅에 들어서기도 하지만 외진 곳에 5채, 10채 규모로도 들어선다. 이런 상태에서 도시가스를 끌어들이기 위해서는 100m 이내에 도시가스가 들어온 곳이 있어야 한다. 이 경우 그곳 주민들과 협의하여 도시가스관을 연결해야 하는데 협의가 쉽지만은 않다. 가스관을 연결하기 위해서는 땅을 파야 한다. 그런데 그곳 주민 입장을 볼 때, 남 좋은 일 해주기 위해서 내 단지의 땅이 파인다면 굉장히 달갑지 않을 것이다. 다른 이를 위해 내가 손해를 봐야 하는데 누구라도 반가워하지 않을 것이다.

그리고 기존 부락에서 멀리 떨어진 곳에 20~30채 규모의 렌탈하우스 단지를 건립하려면 도시가스 인입비가 문제가 된다. 도시가스 인입비란 신축 시 건물에 필요한 도시가스를 연결해주는 비용이다. 만약 신축하는 단지가 60세대 이상이 되면 도시가스공사가 자비로 가스관을 연결해주겠지만 그 이하의 단지의 경우 인입비를 요구한다. 이 비용이 만만치 않아서 도시가스 인입을 포기하고 LPG를 대용으로 쓴다. 이런 소규모 단지의 주택을 분양받게 되면 도시가스가 언제 들어올지 장담할 수 없는 상황이 된다. 만일 인근에 렌탈하우스 단지나 위락시설 등 도시가스를 필요로 하는 단지들이 들어온다면 그 단지와 함께 인입비를 분담할 수도 있을 것이다. 하지만 단지가 들어오지 않는다면 LPG만을 써야 하는 불편 때문에 미군의 외면을 받아 그 주택은 최악의 경우 공실이 발생할 수가 있다. 그러므로 외곽지역의 풍광 좋고 전원생활 누리기에 좋은 곳에 분양되는 렌탈하우스를 고를 땐 100m 이내에 도시가스가 들어와 있거나, 단지 규모가 60세대가 넘는지를 반드시 점검해야 한다.

아산시 둔포면이나 영인면 등 렌탈하우스가 중대형 규모로 개발이 집중되고 있는 지역에 가보아도 10~29세대 정도의 소규모로 분양 중인 단지들도 여럿 있다. 부락에서 동떨어진 곳에 이렇게 소규모로 개발되는 단지들에는 LPG를 계속 사용해야 하고 도시가스가 들어올 확률이 희박하므로 조심해야 한다. 다만 총 세대 수는 60세대인데 편의상 1차 20세대, 2차 20세대, 3차 20세대 등으로 나누어서 분양하는 현장들도 있다. 이 경우는 주택공급업체가 자금 운용상 필요에 따라 전체를 한 번에 분양하지 않고 시차를 두고 개발하기 때문이다. 1차로 20세대를 먼저 개발한 후 거기서 발생한 수익금으로 2차분 20세대를 공급하고, 또 거기서 발생한 수익금을 더해서 나머지를 개발하는 방식으로 진행하는 것이다. 따라서 궁극적인 단지 규모가 60세대에 이르게 되므로 향후 도시가스 인입에 문제가 되지 않으니 염려할 필요가 없다.

PART

04

소액투자로
꼬마빌딩 투자금 만들기

2,300만 원으로 13% 수익 올리는
동탄2테크노밸리 투자

　요즘 동탄2신도시는 아파트 입주폭탄으로 깡통전세난이니 마이너스 프리미엄이니 하는 심란한 뉴스거리를 마구 분출하는 곳이다. 그런데 아파트와는 달리 아파트형공장(지식산업센터) 투자는 전혀 별개의 투자이고 내실 있는 투자로 판단되어 소개하고자 한다.

　KTX역으로 통하는 동탄역에서 북쪽으로 1km쯤 가면 '동탄테크노밸리'가 있다. 이곳은 중소기업들의 일터인 아파트형공장 밀집지역이다. 이곳에 테크노밸리를 조성하는 사업이 아직은 초기 단계이므로 그곳에 가보면 아파트형공장 건물이 불과 몇 개뿐이다. 3~4채만 준공단계이고 대개는 공사 중이라 투자자들이 보기엔 분위기가 심란해 보인다. 그렇지만 머지않아 이곳은 소액투자자에게 짭짤한 수익을 남겨줄 투자처가 될 것이다.

　주변을 살펴보면 삼성전자, 두산중공업, 3M 등을 비롯한 대기업 공장들이 자리 잡고 있다. 하청업체와 유관기업이 총 4,400여 개에 달한다고 한다. 이렇게 풍부한 임대수요가 널려 있으므로 이 지역은 유관업체들이 입주할 수 있도록 도시계획으로 특화된 곳이다.

서울의 경우 아파트형공장 분양가를 살펴보면 성수동이 평당 1,000만 원대, 영등포 900만 원대, 구로구와 금천구는 800만 원대이다. 반면 동탄 테크노밸리는 평당 500만 원대이다. 진입장벽이 낮다. 이곳의 아파트형공장 물건 중에는 소형 평수도 찾아볼 수 있다. 전용면적이 심지어 소형오피스텔 크기인 8평에 불과한 것도 있어서 1~3인 기업체에 맞춤형으로 분양되고 있다. 이런 물건에 투자할 경우 종잣돈 2,300만 원이면 가능하다.

문제는 수익성인데 따지고 보니 매우 높은 편이다. 아파트형공장의 전용률은 대개 50% 전후다. 전용이 8.15평이고 분양면적이 16.3평짜리를 예를 들어 수익성을 분석해보자. 평당 500만 원이니 분양가는 8,100만 원이다. 정부의 8·2 부동산 대책의 대출 규제와 전혀 무관한 수익형 부동산이므로 대출 염려가 없다. 분양가의 70%인 5,649만 원을 대출받으면 실투자금으로 2,451만 원과 취득세 4.6%분 373만 원을 더하면 2,824만 원이 든다. 그런데 임차인을 받으면 보증금 500만 원에 월세가 40만 원 선이다. 이때 500만 원이 회수되므로 실제 투자금은 2,324만 원이 된다. 이자는 3.2%를 적용하면 15만 원이므로 월세에서 이를 제하면 매월 순수입으로 25만 원이고 연간 300만 원이다. 이를 실투자금 2,324만 원으로 나누면 12.9%다.

융자를 받지 않고 순수 자기자본으로 투자할 경우 임대수익률이 6.3%에 불과하지만 융자를 활용하여 투자하면 12.9%가 가능하므로 레버리지 효과가 대단하다는 것을 알 수 있다. 5,000만 원이 있다면 2칸에 투자할 수 있고, 1억 원이 있다면 4칸에 투자할 수도 있겠다.

아파트형공장 투자수익 분석표

단위: 만 원

분양면적	전용면적	분양가	대출금	보증금	월세	취득세	실투자	이자	순수익
16.3	8.15	8,100	5,649	500	40	370	2,324	15	25(12.9%)

  이런 물건 투자에서 유의할 점은 아파트형공장에 입주할 수 있는 기업체의 업종에 일정한 자격제한이 있다는 점과, 지금 이곳은 테크노밸리가 조성되는 초기이므로 당분간 공실 우려가 있을 수 있다는 점을 감안하여 투자해야 할 것이다.

  관심 있는 독자들은 이곳에 가보면 분양 중인 매물정보를 쉽게 얻을 수 있으므로 이 책에서는 구체적인 분양업체나 건물 투시도는 생략한다.

3억~4억 원으로
10% 수익 만드는 고시원 투자

먹자상권이나 대학상권에 가보면 애초부터 원룸 건물로 지어진 것이 아 닌데 건물의 일부 층을 차지한 '○○고시텔', '○○하우스', '○○레지던스' 니 하는 간판이 붙은 시설을 쉽게 찾아볼 수 있을 것이다. 이런 시설은 이 름만 서로 다를 뿐 모두 '고시원'이다. 공무원이나 고시공부를 하는 학생들 이 거주하는 시설이라서 고시원이라 부르는 것이 아니고 건물 용도가 근 린생활시설인 건물에 '다중이 거주할 수 있는 간이 주거시설'을 설치하면 그것이 바로 '고시원'이다. 건축법상 그렇게 부르도록 되어 있다. 그런데 이름을 달리하는 이유는 고시원 운영주에 따라, 시설의 현대화 유무에 따 라, 그냥 고시원으로 간판을 달기도 하고 어떤 경우는 폼이 나는 것 같아 '텔'이나 '하우스' 등을 붙일 뿐이다.

1~2인 가구의 증가 속도가 가파르다. 2017년 현재 55%나 되고 2045년 엔 71.2%가 될 전망이라 한다. 요즘 우리나라 젊은 세대에게 결혼은 필수 가 아닌 선택이 된 지 오래다. 좋은 직장을 갖거나 신혼집을 마련할 여력이

빌딩 4~5층에 들어선 ○○레지던스   꼬마빌딩 3~5층에 있는 ○○하우스

없는 젊은이들은 연애도 포기한 채 살고 있고, 앞으로도 이런 추세는 불행하게도 좀 더 확산될 개연성이 크다.

2030년을 계기로 우리나라 인구는 정점을 넘어 서서히 줄어들겠지만 1~2인 가구는 급속히 늘어날 테니 이참에 당신도 고시원을 차려서 연간 10%가 넘는 짭짜름한 임대수입을 얻어보는 것도 재테크의 한 방법일 수 있다.

고시원 시설 규모

고시원은 영세업으로 분류되어 있어 그 규모가 제한되어 있다. 즉 연면적 500㎡(150평) 이내로만 설치할 수 있다. 한 층이 150평 정도라면 한 층에만 설치할 수 있고, 층당 면적이 75평이라면 2개 층에 걸쳐 설치할 수도 있다. 층당 면적이 50평이라면 3개 층이 된다.

서울의 경우 고시원 1실의 실평수는 1.7~2평이다. 정해진 것은 없지만 평균치가 그렇다. 실평수 2평짜리를 만들기 위해서는 건축물대장상 3.3~3.5평이 필요하다. 즉, 당신이 관심을 두고 있는 건물의 건축물대장을 떼어보니 한 층 면적이 50평이라면 3.3평이나 3.5평로 나누면 14~15실이 나온다는 말이다. 이 경우 3개 층을 임대로 얻을 수 있다면 연면적 150평이니 총 42~45실로 구성해 적법한 고시원을 만들 수 있다.

고시원에서는 임차인이 각 방에서 거주만 가능하고 취사는 불가하다. 따라서 공동세탁실, 식당, 관리실을 별도로 설치해줘야 한다. 즉 방 3칸 정도는 이런 시설로 할애해야 하는 것이다. 따라서 45실이 만들어진 경우 임대료를 받을 수 있는 방 개수는 42실인 것이다.

고시원 운영자들에 따르면 규모가 총 40실 정도는 되어야 수지가 맞는다고 한다. 40실이 어렵다면 최소 30실은 되어야 한다. 그 이하의 규모인 경우 수익성이 많이 떨어진다. 어떤 건물에는 한 층에만 10실 정도 설치하여 투자자가 직접 운영하기도 하는데, 이런 경우 투자자가 가져가는 월수입이 100만 원 남짓이므로 별 의미가 없다. 연간 15%에 근접한 수익률이나 월수입 500만 원을 원한다면 가급적 40실 규모로 설치할 수 있는 물건을 수배하는 것이 이상적이다.

설치비용

기존의 근생 건물을 임대하여 고시원을 설치할 때 설치비용은 풀옵션 (TV, 냉장고, 에어컨 등) 시설 수준에 따라 다르지만 중간 수준을 기준으로 할 때 연면적 평당 250만 원을 잡으면 된다. 따라서 연면적 100평에 총 30실을 설치할 경우 시설비용이 2억 5,000만 원이다. 여기에 임대보증금 약 5,000만 원을 추가해야 한다. 서울시의 비강남권인 경우 임대료가 연면적 평당 4만 원이 평균치이므로 웬만하면 보증금 5,000만 원에 월세 400만 원이다. 즉 고시원 30실을 설치하는 데 총 3억 원이 든다.

만일 연면적 150평짜리를 구할 수 있다면 설치비용이 3억 7,500만 원 (150평 × 250만 원)을 들여 고시원 45실 정도를 설치할 수 있다. 여기에 임대보증금 5,000만 원을 더하면 4억 2,500만 원이 든다.

고시원 설치 기간은 대개 2개월 정도 소요된다. 층당 텅 비어 있는 건물에 주거시설을 설치하려면 그 정도 시간은 필요하다.

임대수입과 투자수익률

고시원에 세 들어오는 사람들은 학생이거나 직장인들로서 보증금이 없는 사람들이다. 보증금이 없으니 진입장벽이 낮고 당장이라도 떠날 수 있는 것이 세입자들에겐 장점이다. 임대료를 선불로 내고 한 달 살고 나서 한 달 더 살고 싶으면 또 내면 되고, 떠나고 싶으면 임대인에게 통보하고 짐 싸면 되는 것이다.

이런 임대조건은 고시원 주인에게는 큰 리스크다. 공실 우려를 항상 달고 살아야 하니 말이다. 이런 리스크에 대해 조치를 취해야 하지 않겠는가? 그 답은 월세를 높게 받는 것이다. 즉 실평수가 3~4평인 원룸의 임대료가 40만~50만 원인데 실평수가 원룸의 절반 규모인 1.7~2평짜리 고시원의 임대료가 원룸과 비슷한 40만~45만 원 선인 것이다. 손은 많이 가고 임차인 관리가 성가시고 번거롭지만 고시원은 단위면적당 임대료가 대한민국 최고 수준이 되었다.

자 그러면 3억~4억 원을 투자하여 고시원 30~45실을 설치할 경우 연간 순수입이 얼마나 되는지 따져보자. 먼저 종잣돈 3억 원으로 고시원 30실을 설치한 경우 관리실1실, 식당1실, 세탁실1실을 제한 27실이 실제로 임대수입이 발생하는 방의 개수다. 27실 × 40만 원 = 1,080만 원이 나온다. 공실률을 10%로 보면 매월 970만 원 정도 임대수입이 발생한다. 당신이 직접 관리할 경우 관리비를 300만 원 정도 잡아야 한다. 이 관리비는 전기, 수도, 인터넷, 부식비(쌀, 라면, 김치) 등 제반 비용을 커버하는 데 드는 돈이다. 임대료가 보증금 5,000만 원에 월 400만 원이라면 순수 임대수입이 270만 원이다. 투자비용 3억 원 대비 월수입 270만 원, 연간 3,240만 원을 얻으니 투자수익률은 10.8%다. 만일 당신 고시원의 입지가 좋다면 월세를 40만 원이 아니라 45만 원도 받을 수 있다. 이 경우 투자수익률이 올라감은 물론이다.

만일 종잣돈 4억 2,500만 원으로 고시원 45실을 설치하여 42실을 임대할 경우는 어떤가? 42실 × 40만 원 = 1,680만 원이다. 공실률 10%를 적용하니 1,500만 원이다. 당신이 관리하기 어려우면 총무를 두면 된다. 총무는 고시원에 살면서 임대관리를 전담하는 사람으로 월급 100만 원이면 고용이 가능하다. 총무로 취업하려는 사람들은 대개 대학원생이거나 취업 준비생으로서 아르바이트가 목적이다. 이 경우 월간 총 경비를 400만 원으로 잡으면 된다. 따라서 월수입 1,500만 원 – 총 경비 400만 원 – 임대료 600만 원 = 500만 원이 순수 월수입이다. 연간 수입 6,000만 원을 투자비용 4억 2,500만 원으로 나누면 14.1%다. 이만하면 상당히 성공적인 재테크라고 할 수 있겠다.

최우선 고려사항, 입지

부동산은 뭐니 뭐니 해도 입지가 최우선 고려사항이다. 고시원으로 안정적인 임대수입을 얻으려면 임차수요가 풍부한 곳을 찾아야 한다. 대학상권이나 전철역세권(전철역에서 500m 이내)이 최우선 입지라 하겠다. 입지는 좋은데 기존 고시원이나 원룸 시설이 과잉 공급된 지역은 아무래도 경쟁이 심할 것이라서 잘 살펴야 한다.

그러나 공급이 많은 곳이라고 해서 무조건 피하는 것은 옳지 않다. 당신이 고시원 시설을 멋지게 설치한다면 그곳에서 경쟁우위를 차지하게 되므로 걱정할 것이 없다. 시설이 오래된 고시원에 거주하던 임차인들이 순식간에 당신의 고시원으로 밀려들 수 있으니 말이다. 당신이 그곳에 고시원을 설치하면 아무래도 시설 면에서 최신식이 될 것이므로 경쟁우위에 설수 있으니 기존 시설에 대하여 지나치게 경계할 필요는 없다.

문제는 고시원을 짓고 싶은 지역에 100~150평을 얻을 수 있느냐가 관건이다. 사실 이 정도 평수는 임대시장에서 결코 작은 공간이 아니다. 꼬마빌딩의 경우 층당 면적이 30~50평이 대부분인데 이런 건물을 임차하려면 3~5개 층을 빌려야 하므로 이런 물건이 나오기가 쉽지가 않다. 이왕이면 층당 50~100평 정도 되는 건물이 유리하다. 그러니 범위를 넓혀야 한다. 당신이 연대 앞을 원하니 그곳만 바라보고 매물이 나오기를 기다리는 것 보다는 2호선 전철역세권 어디든지, 또는 7호선 역세권 어디든지 등으로 범위를 넓혀야 하는 것이다. 당신이 출퇴근하기 편하고 관리하기 쉬운 곳만 원하면 적당한 물건을 찾기는 요원하다. 돈을 벌려면 좀 더 활동범위를 넓혀 뛰어다니는 수고쯤은 감수할 각오가 되어 있어야 할 것이다.

소방시설

고시원은 인허가를 받아야 한다. 그런데 고시원을 설치하고자 해도 지자체별로 고시원에 대해 허가를 안 내주는 곳이 있다. 예를들어 서울시 강서구의 경우 허가받기가 매우 까다롭다. 고시원 크기도 실평수 4평 이상이라야 하고 소방시설 등 인허가 관리를 매우 까다롭게 하는 편이다. 이런 지역에 무턱대고 임대차계약부터 하고 인허가를 진행할 경우 큰 낭패를 본다. 당신이 고시원 투자에 관심이 있다면 해당 지역 관할 지자체를 방문하여 고시원 인허가 가능성을 사전에 체크해야 한다. 지자체 담당자가 인허가에 부정적이라면 그 지역은 포기하는 것을 권한다.

지자체가 까다로운지 아닌지를 쉽게 판단하는 한 가지 팁이 있다. 당신이 관심을 가진 지역에서 고시원들이 쉽게 눈에 띈다면 "아, 이곳은 인허가에 별 문제가 없겠구나"라고 생각할 수 있다. 그럼에도 불구하고 마땅한

고시원 내부 복도

공동식당

복도 끝의 비상 탈출구

물건이 나오면 최우선적으로 지자체의 담당 공무원을 찾아서 인허가 여부를 체크해둬야 후환이 없다.

　고시원은 다중이 거주하는 시설이므로 화재 발생 시 비상탈출구, 비상등, 완강기, 스프링클러 등을 설치해야 한다. 어찌 보면 고시원은 원룸보다 소방시설이 잘 갖추어진 시설이라고 봐도 무방하다.

권리금

　3억~4억 원을 들여 고시원을 운영하다가 건물주가 고약한 경우 상가임대차 보호기간인 5년이 지나면 나가라고 요구할 수 있다. 이 경우 권리금도 받지 못하고 나와야 하니 여간 낭패가 아닐 것이다. 그러므로 고시원 사업에 나설 때 가장 신경 써야 할 점이 건물주를 잘 만나야 하는 것이다. 문제는 사람의 마음은 시시각각 변하니 임대차 계약할 때는 그렇게 인자하던 사람도 5년 후 그 시설을 빼앗아 자기 자식에게 주려고 돌변하는 경우도 가끔씩 있다. 이런 것은 어찌 보면 다분히 운에 속한다.

그러나 그런 경우 흔하지 않다. 건물주 입장으로 보면 임차인이 상당한 돈을 들여 시설을 설치했다는 것을 잘 안다. 만약 고시원을 내보낼 경우 비교적 큰 임대공간을 단기간 안에 메우기가 그리 녹록지 않다. 또한 고시원 시설을 해놓으면 건물주로서는 임대료 체불 염려가 없어진다. 고시원은 운영주가 세입자에게 선불을 받는 현금 장사라서 좀처럼 임대료 체불이 없다. 체불한다면 임차인이 권리금 회수도 못하고 쫓겨나야 하니 어떻게든 임대료는 꼬박꼬박 지급한다. 건물주에겐 한 10년 정도는 임대 걱정이 없는 안전한 시설이 바로 고시원인 것이다. 따라서 웬만하면 5년 이후라도 계속 임대를 이어가는 것이 일반적이다.

그런데 요즘 당신을 대하는 건물주의 태도에 뭔가 미심쩍은 모습도 보이고, 고시원을 한 번 운영해보니 다른 곳으로 옮겨 좀 더 멋지게 시설을 할 자신이 생긴 경우, 당신은 2~3년쯤 운영하다가 권리금을 받고 빠져나올 수도 있다. 권리금은 대개 시설비용 전체를 받는다. 운영이 잘될 경우 시설비에 플러스알파가 붙는다. 필자 주변에는 고시원 시설 후 권리금을 받고 되파는 것을 업으로 하는 사람들도 있다.

'8·2 부동산 대책' 이후에도 가능한
소형 갭투자

2015년부터 2017년 상반기까지 우리나라 아파트 시장은 뜨거웠다. 이 기간 동안 서울 요지뿐 아니라 전국적으로 대세상승을 이루었다. 시장은 문재인 정부가 처음 내놓은 6·19 부동산 대책을 비웃듯 독야청청했다. 대세상승은 실수요만으로는 불가능하고 언제나 가수요가 수반되어야만 가능하다는 것은 삼척동자도 안다. 이런 흐름의 이면에는 갭투자 열기가 시장에 깊숙이 스며들어 큰 몫을 한 것도 사실이다.

그러나 '강남과 전쟁'을 선포한 '8·2 부동산 대책'은 사장의 예상치를 뛰어넘는 고강도 대책이라서 작은 돈으로 쏠쏠한 재미를 보아온 갭투자자들이 혼란에 빠졌다. "갭투자 이거 해야 하나? 정말 해도 괜찮은 거야?"

분양권 전매 제한, 대출 규제, 양도세 중과를 특징으로 하는 '8·2 부동산 대책' 내용을 잘 들여다보면 서울을 비롯한 전국 요지의 아파트 투기를 근절하겠다는 것이지 소액으로 하는 부동산 투자까지 말살하겠다는 것은 아니라고 본다. 사실 대출에 기대지 않고 1억 원 이하의 자기자본으로 한두 채에 투자하는 갭투자에는 '8·2 부동산 대책'이 큰 영향을 미치는 것은 아니라고 볼 수 있다. 다만 갭투자로 다주택자가 되면 양도세 중과만 고민하면 된다.

사실 무슨 투자든 3,000만~5,000만 원이란 소액으로 투자해서 돈을 벌어봐야 얼마나 벌 수 있겠는가? 2년 만에 투자금의 절반을 번다면 대단한 성공이다. 갭투자에서는 이런 일이 종종 일어난다. 가령 3,000만 원을 투자하여 2년 만에 1,500만 원을 벌었다면 여기에 부과되는 양도세는 2주택자인 경우 10%를 가중하면 267만 원이고, 3주택 이상자에게 부과되는 20%를 중과해도 417만 원이다. 감내할 만하다. 양도차익이 작은 경우 세금도 작다. 세금은 당당하게 낸다는 생각을 가지자.

1억 원 전후의 종잣돈으로 여러 채의 갭투자를 할 경우에는 주택임대사업자 등록을 적극 검토해볼 만하다. 이 제도는 '너무 단기적으로 날뛰지 말고 좀 진득하게 임대사업하라'는 취지로 태어났고 정부도 적극 권장한다. 주택임대사업자로 등록하고 5년을 버티면 각종 세제혜택을 누릴 수 있다. 정부도 인정한 실익도 큰 적법한 제도다. 다만 임대료를 연간 5% 이내로 인상해야 하고 건강보험료가 급격히 인상되는 단점이 있어서 세금혜택 등으로 얻는 장점과 견주어 잘 따져보고 결정해야 할 것이다.

갭투자가 가능하려면 전제조건이 매매가와 전세가의 차이가 적어야 하는데, 내 집 마련을 위해 월세보다 전세를 선호하는 현상이 강하게 유지되고 있다. 이에 따라 집값보다는 전세 상승률이 가파르다 보니 서울과 수도권 지방 할 것 없이 아파트 전세가율이 80%를 넘은 지역들이 많아짐으로써 자연스레 갭투자가 활성화될 수 있는 토양이 제공되었다.

이런 추세에 갭투자 책들은 나오는 족족 베스트셀러가 되었다. 아파트 투자에 관심이 적은 수익형 부동산 전문가로서 꼬마빌딩주가 되는 길을 안내하는 입장에서 필자는 이런 추세를 간과만 할 수는 없어서 차제에 꼬마빌딩주가 되기 위한 '소액 굴리기' 재테크의 하나로서 아파트와 빌라 갭투자에 대하여 소개하기로 한다.

갭투자는 종잣돈 1억 원 이하로 실행하는 것이 다수의 경우이므로 2,000만~3,000만 원으로 할 수 있는 빌라 투자와 5,000만 원 전후로 할 수 있는 소형아파트 투자에 대하여 간략하게 짚어보겠다. 시중에서 갭투자에 대한 요령을 담은 책들을 쉽게 구할 수 있으니 세세한 노하우는 지양하고 여기서는 투자 시 특별히 주의할 점 위주로 설명하겠다.

먼저 초강력 의지를 담은 '8·2 부동산 대책' 이후에도 1억 원 이하의 소액 갭투자가 가능한 이유부터 살펴보자. 우리나라에만 존재하는 전세제도는 갭투자를 실행할 수 있는 안전판이다. 이러한 독특한 제도 덕분에 갭투자는 앞으로도 롱런할 것이 확실하다. 왜냐하면 임차인들은 매달 공중에 날려버리는 월세보다는 원금이 그대로 유지되는 전세를 선호하기 때문이다. 주택경기가 약세로 전환되면 사람들이 주택 투자로 돈 벌기가 어려워지므로 주택 거래량이 줄어든다. 주택 구입 대신 전세로 계속 남아 있으려는 수요가 크기 때문에 전세가는 지속적으로 상승한다. 또한 집주인들이 월세 수입을 얻기 위해 전세를 월세로 전환하는 경우가 많아질수록 전세 공급이 줄어 전세가는 또 오르게 된다. 강력한 '8·2 부동산 대책'에도 불구하고 계속 보유를 결정한 다주택자들은 대출이 막히자 전세가 인상으로 방향을 틀 것이다. 전세자금 대출을 압박하지 않는 한 전세가 인상은 계속

될 것이다. 아파트 인기가 수그러들지 않는 한 빚을 내서 작은 집이라도 사기보다는 전세로 머무르면서 좋은 입지의 아파트 당첨을 노리는 사람들이 늘어날 확률이 크기 때문에 전세가는 계속 강세를 유지할 것이라는 점이다. 아무리 따져보아도 양도세 중과 효과 때문에 소액 갭투자는 앞으로도 소극적이지만 꾸준히 지속될 전망이다.

자, 그러면 갭투자를 위해 어디를 공략할 것인가. 우선 당신이 마음에 두고 있고 잘 아는 지역을 위주로 체크해보자. 적당한 공략지역은 전세가율이 높고, 인구가 늘어나거나 최소한 줄어들지 않는 지역, 오를 만한데도 아직 본격 상승이 이루어지지 않은 지역, 조만간 신규 공급이 많지 않은 지역, 직주근접 요건을 갖춘 지역이라야 할 것이다.

공략지역을 선정했다면 이제 그 지역의 아파트 공급 추이, 미분양 추이, 전세가율 추이와 전세가 상승률 추이, 거래량 등을 살펴봐야 한다. 손품에 그치지 말고 해당 지자체에 직접 방문하여 아파트 인허가 상황도 파악해보라. 이미 허가된 아파트 공급물량이 얼마이며 입주시점이 언제쯤인지, 현재 인허가가 신청되어 계류 중인 물량은 얼마나 되는지 말이다. 이는 향후 해당 지역에 신규 공급이 대규모로 이루어질 경우 역전세로 인한 깡통주택이 될 가능성을 알아보려는 것이다. 가령 동탄1신도시에 갭투자를 한 투자자라면 동탄2신도시가 훨씬 큰 규모로 공급 폭탄이 투하될텐데 애당초 들어가지 말아야 한다는 것쯤은 쉽게 생각할 수 있었을 것이다. 그런데도 동탄1신도시에 갭투자를 한 사람들이 있다.

요즘 매스컴에서는 동탄2신도시 아파트 분양권이 마이너스 피$_{Premium}$로 거래된다는 소식과 전세가격 대폭 하락으로 깡통주택 가격이 우려된다는 뉴스가 하루가 멀다하고 나온다. 이렇게 공급이 대규모로 이루어지고 상당 기간 동안 전세가 약세를 유지할 것이라는 전망을 간과한 채 아파트 투자열기에 휩싸여 갭투자 대열에 합류한 이들도 제법 된다니 기가 찰 노릇이다. 수급에 대한 기본 정보에 충실해야 여차하면 출구전략을 가동할 수 있는 것 아닌가.

아파트 갭투자로 어디가 좋을까? 1억 원 이하의 소자본으로는 강북으로 가야 한다. 강북권 중에서도 아직 가격이 덜 오른 지역을 고르는 일이 중요하다. 강북구나 도봉구, 노원구의 소형아파트 중에는 가격 상승이 덜 된 상태로서 5,000만~6,000만 원 선으로 갭투자가 가능한 곳이 있다. 수도권으로 살펴보면 서울 접근성이 일산신도시보다 좋은 행신지구나 화정지구의 소형아파트 중 전세가율이 80%를 넘은 곳에서 4,000만~5,000만 원 선으로 갭투자가 가능하다. 강원권으로는 서울~양양 고속도로 개통으로 강릉과 속초 소형아파트도 유망한 상품이다. 동해안의 아파트는 사계절 내내 관광객을 대상으로 짭짤한 임대수입도 기대할 수 있어 인기다.

이제는 빌라 갭투자다. 빌라 투자에 관하여 세세한 부분에 대해서는 파트2 내용을 참고하기 바란다. 갭투자에 알맞은 지역은 파트2에서 '빌라 투자 7계명'과 '투자 유망지역'을 참고하면 된다. 여기에 추가하여 2017년 9월 2일 개통된 '우이~신설' 경전철 구간도 추천할 만하다.

빌라 갭투자는 최선책은 아니다. 자본이 부족한 투자자들을 위해 아파트에 이은 차선책이라는 것은 분명하다. 그러나 작은 돈을 굴리기엔 빌라 갭투자 만한 것이 없는 것도 사실이다. 서울 역세권의 인프라가 잘 갖춰진 곳의 가급적 2015년 이후에 지어진 빌라는 2,000만~3,000만 원의 투자금으로 갭투자가 가능하다.

신축빌라 갭투자의 경우 계약금과 중도금으로 2,000만~3,000만 원만 내고 잔금은 전세 임차인을 구해서 지불한다는 특약을 넣으면 된다. 분양업자들은 갭투자를 감안하여 준공 후 2~3개월 내에 전세금으로 잔금을 치르는 것에 이미 익숙해져 있다. 다만, 준공된 물량 중 상당수가 일시에 시장에 쏟아져 나와 전세금을 예상보다 낮은 금액으로 구하게 되는 상황을 감안하여 플랜B(비상대책)도 준비해둬야 한다.

이제는 결행만 남았다. 알토란처럼 모은 종잣돈으로 투기가 아닌 투자를 하자. 투자하기로 결심했다면 실행에 옮기는 용기를 내야 한다. 지금까지 간만 보다 마는 패턴을 반복해서는 절대로 승리할 수 없다. 어렵게만 보였던 투자도 한 번 경험해보면 "야, 이거 참 생각보다 쉽구나! 한 번 부딪쳐보니까 해볼 만하네"라는 생각이 들 것이다.

소액으로 10% 수익 내는
P2P 투자

　적게는 50만 원이나 100만 원이란 소액을 투자하여 순수익 10%를 벌 수 있다면 얼마나 좋겠는가. 그런 게 있을까? 있다. 바로 'P2P 투자'다. 요즘 매스컴에서 금융재테크 상품으로 종종 소개되는 '핫한' P2P 투자에 대하여 이미 잘 아는 독자도 있을 거고 무관심한 분들도 있을 것이다. 이 책은 부동산 재테크 책인데 웬 금융재테크를 다루냐고 의아해 하시는 분들도 있겠지만 이 상품은 부동산 투자와 매우 밀접하게 연결되어 있으며 분명히 소액을 굴리는 데 효자 노릇을 할 수 있다고 믿기에 소개하는 것이다.

　'P2P_{Peer to Peer}(개인 간) 대출'이란 단기자금이나 투자금이 필요한 중소기업이나 자영업자들에게 연리 13~18%대의 중금리 수준으로 자금을 빌려주는 대출로서 금융기관을 거치지 않고 P2P 업체의 온라인 플랫폼을 통하여 차주와 투자자가 직접 돈을 주고받는 금융서비스다. 국내에는 약 2년 전에 상륙했다.

　시중 은행에서 문전박대를 당했지만 P2P 대출 시장에서는 생각보다 높지 않은 금리로 돈을 빌릴 수 있기 때문에 단기자금이 필요한 건축업자나 자영업자들 사이에서 상당한 인기를 끌고 있는 신규 대출상품이다. 초기에는 대출이자율이 18%대였는데 지금은 P2P 업체 간 경쟁 심화로 10% 중반 내지 초반까지 내려갔다.

세계적으로 P2P 대출은 최근 생겨난 투자법이다. 2010년 미국에서 부동산 담보 P2P 대출이 등장했다고 한다. 이후 기관투자자가 참여한 덕분에 빠르게 성장하고 있으며 국내에는 2015년도에 상륙하여 지난 2년간 급속하게 성장하고 있다.

최근 금융당국에서 '핀테크 산업 활성화 방안'을 발표하면서 P2P 산업은 급격히 성장하게 되었다. 약 2년이라는 짧은 기간 동안 P2P 업체가 우후죽순처럼 생겨나 2017년 7월 현재 160개가 넘는다. 일각에서는 P2P 사업자를 양성하는 아카데미도 운영되고 있어 날이 갈수록 업체 수가 급증할 전망이다. "어느 업체를 선택해야 할까?"가 고민이다. 답은 신뢰도와 실적 면에서 앞서가는 한국P2P금융협회에 가입된 40여 개 업체가 상대적으로 믿을 만한 업체라고 볼 수 있겠다.

근자에는 은행들도 P2P 업체와 협업을 시작하다 보니 P2P 업체의 금융사 사기 가능성은 거의 사라지고 있어 안정성이 점차 확보되는 쪽으로 흐르고 있다. 지금과 같은 저금리 시대에 연간 순수익 10%를 얻을 수 있다면 집을 담보대출을 받아서라도 투자하겠지만 문제는 과연 그 P2P 업체와 돈을 빌려가서 사업을 벌이는 차주의 사업을 신뢰할 수 있는지의 여부다.

이 투자의 최대 맹점은 최악의 경우 원금 손실을 볼 수 있다는 점이다. P2P 투자는 예금자보호법이 적용되지 않기 때문이다. 그러므로 요즘 투자를 유혹하는 수많은 P2P 투자 상품들 중에서 옥석을 가려내는 투자자의 혜안에 투자 성패가 달려 있다.

그러면 잘 골라서 투자하면 알짜 수익을 얻을 수 있는 P2P 투자에 대해 상세히 알아보자.

대출 절차

P2P 업체의 대출 절차를 살펴보면 다음과 같다. 먼저 대출 희망자들로부터 대출 신청을 받은 후 금리를 결정하고 대출과 관련된 사업내용을 인터넷 게시판에 올리면 이를 본 불특정 다수의 투자자들이 참여하게 된다. 그 투자자들로부터 십시일반으로 자금을 모으는 방식이다. 일종의 크라우드 펀딩과 같은 개념이다. 모금액이 채워지면 P2P 업체는 차주의 사업부지 등에 담보를 설정하고 대출을 실행한다.

투자자 요건

19세 이상이라야 하며 무소득자인 경우 하나의 P2P 업체를 기준으로 한 차주당 500만 원이 상한이며 P2P 업체당 연간 누적금 1,000만 원까지 가능하다. 연간 2000만 원 이상 소득자라면 한 차주당 2,000만 원이 상한이고 P2P 업체당 연간 누적금 4000만 원까지 가능하다. 즉 당신이 아무리 신뢰하는 P2P 업체라 하더라도 한 차주에게 투자할 수 있는 상한선이 있고 동시에 한 P2P 업체당 상한선도 있다는 것을 염두에 두어야 한다. 이런 이유 때문에 투자자들은 대개 P2P 업체 3~4개를 선정해서 분산 투자를 하고 있는 실정이다.

참고로 어느 국회의원이 연간 누적금 5,000만 원까지 투자가 가능하도록 입법을 발의한 상태다. 금년 안에 법안이 통과될 경우 2018년 상반기부터 실행이 되어 P2P 투자는 보다 활성화될 전망이다.

투자자의 순수익

P2P 업체가 차주에게 연리 18%의 대출을 해줄 경우 P2P 업체는 약 5%를 자사 마진 및 관리비조로 떼고 투자자에게 13%를 준다고 보면 된다. 이렇게 투자수익률 13% 짜리에 투자한 투자자가 손에 쥐는 순수익은 10% 선이다. 왜냐하면 이자 소득세 27.5%를 내야 하기 때문이다. 투자자의 수익금이 13%라면 여기서 P2P 업체는 소득세 27.5%를 원천징수하고 지급하므로 투자자에게 돌아가는 순수익금은 약 10%가 되는 것이다.

대출 수요자

초창기의 수요자는 주로 건축업자였다. 빌라, 오피스텔 등 소규모 공사를 시행하는 건축업자는 신축자금 및 토지대금 지급용으로 6개월 내지 8개월의 단기 조건으로 대출을 받는다. 요즘은 중소기업이나 자영업자들에게까지 확대되고 있다. 2017년 7월 26일자 매일경제신문 기사의 내용이다. "정부도 P2P 금융을 통한 중소기업 자금 중개에 적극 나서고 있다. 정부는 지난 19일 전자어음을 담보로 하는 P2P 대출 중개시장을 새롭게 출범시켰다. 한국어음중개는 전자어음을 담보로 10% 중반대 중금리 대출 서비스를 제공할 예정이다." 이처럼 정부의 지원에 힘입어 앞으로 P2P 대출은 날개를 달 것이다.

P2P 대출의 장점

P2P 대출은 은행에 비해 대출 승인까지 걸리는 시간이 짧아 단기자금이 필요한 중소기업에 유용하다. 투자자는 소액으로 고소득을 올릴 수 있어 좋고, 차주도 저축은행이나 사금융에 비해 이자율이 연 10%대 중반이므로 금리 수준도 제2금융권에 비해 그리 높지 않아 앞으로 P2P 대출이 중소기업의 소액 긴급 자금 대출통로로 널리 활용될 전망이다.

주의사항

가장 큰 위험 요인은 한탕을 노리고 P2P 사업에 들어온 업체가 투자금을 모은 후 잠적하는 것이다. 둘째는 차주가 부도나거나 연체하면 그만큼 투자자들은 고스란히 손해를 볼 수 있다는 것이다. 업계에 따르면 아직까지 그런 경우는 거의 없다고 하지만 불안한 마음이 남는다. 투자자들은 '한국P2P 금융협회(p2plending.or.kr)'에 접속해서 등록된 회원사를 검색하되 이왕이면 테라펀딩, 크라우드연구소, 8퍼센트, 피플펀드 등 매스컴에 자주 등장하는 상위 실적 업체 중 선택하면 위험이 비교적 적을 것이다.

당신이 특정 업체를 선택하기 전에 업체의 홈페이지에 접속해서 연체율, 부실률, 취급액 등을 공시하는지 확인해보고, 투자기간이 가급적 1년 이내의 단기상품을 고르는 게 좋다.

담보대출 여부도 매우 중요하다. 이런 면에서는 빌라나 오피스텔 시행사가 차주인 경우 상대적으로 안전하다. 왜냐하면 P2P 업체가 이들에게 대출을 해줄 때는 차주의 사업용 토지에 1순위 근저당 설정을 원칙으로 하며, 신축공사 진행 경과에 따라 그때그때 일정액을 기성금 형식으로 나누어 분할 지급하므로 전액을 일시불로 지급하는 방식보다 상대적으로 안전한 편이다. 설사 업체가 부도가 나더라도 근저당이 설정된 토지를 처분하거나, 하다 만 공사를 타 회사에 위임하여 진행한 후 분양대금을 회수할 수도 있다. 이런 경우 투자자가 수익을 회수하는 기간이 연기될 뿐 원금손실은 거의 없거나 적다고 봐야 한다.

토지가치 판단의 핵심
용적평 단가

　용적평 단가? 부동산 투자에 일가견이 있다는 사람도 이 단어에 고개를 갸우뚱할 것이다. 전에 들어본 적이 없으니 말이다. 왜냐하면 이 단어는 세상 어디에도 존재하지 않기 때문이다. 차제에 필자가 창안하여 이 책을 통해 최초로 소개하는 말이다. 필자의 전작 《10년 안에 꼬마빌딩 한 채 갖기》를 통해 필자가 창안하여 발표한 '리모델링 15% 룰, 부의 증식 200배 법칙'에 이어 이 책에 새롭게 소개하는 것이다. 이 책을 읽는 독자들을 잘 교육시켜서 그들 모두가 원하는 빌딩부자가 되는 데 힘이 되겠다는 사명감의 발로라고 이해하시면 좋겠다. 이 땅의 그 어떤 부동산 전문가도 알려주지 않는, 혹은 잘 모르기 때문에 알려줄 수 없는, 재테크의 비기인 '용적평 단가'를 확실히 숙지해서 당신의 재테크에 큰 도움이 되기를 바라면서 얘기를 시작한다.

　부동산 투자에서 '용적률'은 꽤 널리 통용되고 있고 그 중요성도 잘 인식되고 있다. 그런데 용적률과 토지가격 간의 상관관계를 나타내는 말은 없는 게 현실이다. 가령 용적률이 600%인 일반상업지역과 200%인 2종일반 주거지역 간에는 지상으로 올릴 수 있는 건축면적의 크기에서 3배 정도 차이가 난다. 그러므로 땅값도 당연히 차이가 나지 않겠는가? 그렇다. 지상 4층을 올릴 수 있는 2종주거지역 땅값이 평당 2,000만 원이라면 지상 12층을 올릴 수 있는 용적률 600%인 일반상업지역 땅값은 몇 배는 더 높아야 당연할 것이고 실제로도 그렇다.

용적평 단가의 개념 설명에 앞서 용적률과 임대수입 간의 상관관계에 대하여 잠깐 얘기해보자. 수익형 부동산 투자에서 가치평가의 척도는 뭐니 뭐니 해도 수익률이다. 수익률을 높이려면 당신이 소유하고 있는 부동산의 입지가 중요하다는 것은 너무도 당연하지만 이에 못지않게 건물 덩치를 뜻하는 연면적이 커야 한다. 건물 연면적 크기가 임대수입의 크기를 결정하기 때문이다. 지상4층을 지을 수 있는 50평짜리 2종주거지역 땅 위에 건축비를 아끼려는 소견에 당장 손에 쥐고 있는 돈만으로 2층만 달랑 지은 경우와, 땅을 담보로 빚을 내서라도 제대로 된 4층짜리 건물을 지을 때와 비교하면 2층 건물의 임대수입은 4층 건물과 비교하여 절반 가까이 떨어진다.

연세 70~80대의 연로하신 분들은 '땅은 무조건 넓고 봐야 한다'라는 신념이 강하다. 이분들이 한창 부동산에 투자할 당시에는 땅의 종자와 용적률에 대하여 개념이 희미했다. 그저 땅이 크면 좋다고 믿었다. 그러던 중 정부는 2004년도에 '국토의 계획 및 이용에 관한 법률'을 제정하여 우리나라 모든 땅의 지번별로 종자(용도지역)를 정하고 종자별로 용적률을 부여했다. 물론 그 이전에도 용도지역이 존재하기는 했지만 용적률 적용이 고무

줄이어서 정확한 개념이 없었다고 해도 무방할 정도였다. 그러다 보니 땅은 무조건 커야 좋다고 믿은 것이다. 따라서 이분들에게 땅은 작지만 용적률이 높아 연면적이 큰 건물을 지을 수 있는 일반상업지역이나 준주거지역 물건을 소개하면 그 입지나 수익률 등이 우수하다 하더라도 좀처럼 흡족한 표정을 짓지 않는다. "수익률은 참 좋은데 땅이 너무 작아! 이것보다 더 큰 땅 좀 없어요?"

그러면 우리나라 모든 땅에 부여된 용도지역 중 도시지역에서 꼬마빌딩과 친근한 2종주거, 3종주거, 준주거, 준공업, 일반상업지역을 중심으로 각각의 용적률과 땅값 간의 상관관계를 나타내는 '용적평 단가'가 무엇이고 여러분이 장차 꼬마빌딩 투자에 나설 때 용적평 단가의 개념과 중요성을 정확히 인식하고 투자에 임하기를 바라면서 이 개념에 대하여 설명하겠다.

| 용적평 단가 |

용적평 단가란 땅값을 용적률로 나눈 값이다. 가령 서울의 땅값이 가장 저렴한 축에 속하는 신월동에서 다중주택을 지으려고 발품 팔던 중 평당 1,400만 원인 2종주거지역 땅 매물이 나왔다고 치자. 2종주거의 용적률은 200%이므로 1,400만 원을 2로 나누면 용적평 단가는 700만 원이다. 전철이 안 들어와 마음이 찜찜하여 이번에는 2호선 역세권의 봉천동 2종주거지역 매물을 알아보니 평당 2,500만 원이다. 용적률 200%이므로 2로 나누면 용적평 단가는 1,250만 원이 된다. 연예인들이 우르르 투자한 성수동이 뜬다고 해서 그 동네 부동산에 찾아가서 상권이 형성된 지역의 2종주거지역 매물을 알아보니 평당 4,000만 원짜리가 있다고 가정해보자. 2종주거지역 용적률은 200%이니 4,000만 원을 2로 나누면 용적평 단가는 2,000만 원이다. 시흥대로변에 사옥을 지으려고 3종주거지역 매물을 알아보니 평당 3,000만 원에 나왔을 경우 3종주거지역 용적률이 250%이므로 2.5로 나누면 용적평 단가는 1,200만 원이다. 서초동에 주상복합건물을 지으려고 3종주거지역 매물을 알아보니 평당 7,000만 원이라면 용적률 250%이므로 2.5로 나누면 용적평 단가가 2,800만 원이 된다. 영등포의 준공업지 매물이 평당 3,000만 원이라면 용적률이 400%이므로 4로 나누면 용적평 단가가 750만 원이다. 테헤란로 대로변 일반상업지역은 웬만하면 평당 2억 원이다. 이 지역의 대체적인 용적률이 1,000%이므로 2억 원을 10으로 나누면 용적평 단가는 2,000만 원이다.

위에서 산출해본 지역별 용적평 단가를 도표로 정리해보면 다음과 같다.

서울시 용도지역별 용적평 단가 예시

단위: 만 원

용도구역	지역	용적평 단가	신축 단가	연면적 단가
2종주거지역	신월동	700	다중주택 500	1,200
2종주거지역	봉천동	1,250	다중주택 500	1,750
2종주거지역	성수동	2,000	근생 400	2,400
3종주거지역	대림동 시흥대로변	1,200	사옥 400	1,600
3종주거지역	서초동	2,800	아파트 500	3,300
준공업지역	영등포	750	근생 400	1,150
일반상업지역	테헤란로변	2,000	사옥 500	2,500

이렇게 산출된 용적평 단가가 부동산 투자에서 무슨 의미가 있을까? 대단히 중요한 두 가지 의미가 있다. 첫째, 당신이 건물을 지을 때 용적평 단가는 해당 필지에 짓는 건물에서 차지하는 연면적당 땅값이라고 보면 된다. 당신이 소유한 건물의 가치를 평가해보려면 그 건물의 연면적당 땅값인 용적평 단가에 연면적 평당 신축단가를 더하면 된다. 즉 당신의 다중주택이 신월동 2종주거로서 연면적 100평이라면 부동산 가치가 얼마인지를 간단히 알 수 있다. 앞의 표에서 구한 용적평 단가 700만 원에 신축 단가 500만 원을 합치면 1,200만 원이다. 연면적이 80평일 경우 1,200만 원을 곱하면 이 부동산의 원가는 9억 6,000만 원이 되는 것이다. 응용하면 서초동의 평당 7,000만 원짜리 땅을 사서 아파트를 신축하려면 용적평 단가가 2,800만 원이고 아파트 신축비 단가를 500만 원이라 할 때 둘을 합하면 연면적 단가가 3,300만 원이 된다. 당신이 시행사라면 여기에 마진 20% 정도를 곱하면 이 아파트 평당 분양가는 약 4,000만 원이 되는 것이다. 이런 계산을 적용하면 당신이 앞으로 부동산에 투자할 때 그 대상이 다중주택이든, 상가주택이든, 근생 건물이든, 사무용빌딩이든 용적평 단가를 산출한 후 신축비 단가를 더하면 원가가 나올 것이다. 신축해서 팔 것이라면 원가에 적정 마진을 붙이면 된다. 이렇게 산출된 가격이 그 지역의 경쟁 대상 부동산 시세보다 높다면 그 물건은 수지가 안 맞는 것이니 포기해야 하고, 반대인 경우 적극적으로 투자해야 할 것이다.

둘째, 앞의 표에 나타난 단가를 지역별로 비교해보면 우리가 막연히 알고 있는 강남권과 강북권의 땅값의 '진짜 가치'가 많이 다르다는 것을 알수 있다. 그저 평당 가격이 높으면 무조건 비싼 곳이라고 생각해온 것이 사실 아닌가? 그런데 막상 용적평 단가를 산출하여 비교해보면 우리의 상식을 흔드는 결과가 나오고 있다. 땅값이 평당 2억 원 선인 테헤란로는 강남 중심상업지역을 상징하는 곳인데 땅의 참가치인 용적평 단가는 놀랍게도 서초동의 아파트 부지보다 800만 원이나 낮다. 그만큼 우리나라 강남권 아파트 부지의 가격이 고평가되었다는 뜻으로 볼 수 있지 않겠는가. 테헤란로는 요즘 뜨는 성수동 신흥 상권의 2종주거지와 같은 가치이다. 뒤집어 생각하면 테헤란로변의 토지가격은 저평가되었다고 보면 될 것이다. 하나 더, 시흥대로변 3종주거와 영등포 준공업지를 비교해보니 어떻게 된 일인가? 시흥대로변이 훨씬 비싸다. 토지가치에 비해서 영등포의 준공업지는 아직도 저평가된 상태라고 보는 것이 타당할 것이다.

앞으로 여러분이 수익형 부동산 투자에 나설 때는 단순히 평당 땅값만 구해놓고 비싸다 싸다를 따질 것이 아니다. 당신이 노리는 목표지역 몇 개를 선정해놓고 해당 지역의 중개사를 통해 토지가치를 파악한 후 용적률로 나누어 각각의 용적평 단가를 산출해보는 것이다. 그런 후 단가 상호 간 비교를 하면 여러분이 중장기적으로 어느 곳에 투자 하는 게 좋은지를 가늠해보는 데 소중한 지표가 될 것이다.

PART

05

여전히 활황!
꼬마빌딩 실전 투자

토지의 용도지역과
역세권의 상관관계

필자가 빌딩 중개를 비롯하여 건물 신축, 리모델링 투자자문을 전문으로 하다 보니 수십억 원을 쥐고 건물을 소개해달라고 필자에게 오는 고객들을 매주 여러 명 만난다. 필자는 그들의 종잣돈 규모를 확인한 후 그에 적합한 가격대의 매물을 소개한다. 먼저 물건명세서상의 건물 사진을 보여주며 그 건물의 가격이 얼마이고 월세는 얼마나 나오는지, 위치가 어디인지를 설명해준다. 거의 예외 없이 이들이 공통적으로 가장 큰 관심을 보이는 부분은 바로 토지 면적이다. 이들은 그 토지의 용도지역(토지의 이용 및 건축물의 용도·건폐율)이 무엇이며 효용가치가 어떤지에 대해서는 개의치 않는 듯하다.

"땅이 몇 평이나 되나요?" 고객이 묻는다.

"50평입니다."

"아이고 너무 적네요!"

"아, 이 땅은 일반상업지역입니다. 용적률이 600%나 되기 때문에 다른 땅보다 효용가치가 훨씬 높습니다"라고 대답해도 한 귀로 흘려듣는다.

"에이, 그래도 땅이 너무 작아요. 좀 넓은 건 없어요?"

"물론 있지요. 이 건물은 30억 원인데요, 대지가 120평입니다."

"와, 땅이 넓어서 좋네요. 어디에 있어요?"

"화곡동요."

동네 이름을 듣고는 관심이 좀 떨어지는 눈치지만 토지 면적이 120평이란 말에 솔깃해하며 상담은 계속된다.

일반상업지역 토지 50평의 용적률이 600%라면 지상으로 연면적 300평짜리 건물을 지을 수 있다. 2종일반주거지역의 용적률은 200% 이하이므로 120평 토지상에는 240평이 최대치다. 일반상업지역은 대개 역세권에 있으며 고층 건물들이 즐비하다. 언제나 사람들로 북적인다. 2종일반주거지역은 역에서 좀 떨어져 있다. 가까워봐야 300m, 먼 곳은 마을버스로 몇 정거장 가야 할 정도다. 유동인구도 적다. 건물 층수도 4~5층이다. 반면, 50평짜리 일반상업지역은 땅은 작지만 연면적이 300평이 가능하여 임대할 면적이 크고 역에서 가까워 임대료가 높아 월세가 많이 나온다. 반면 토지가격이 일반상업지역 50평짜리와 비슷한 2종주거지역 120평짜리는 연면적이 기껏해야 240평이고 역에서도 멀어 임대료가 낮아 월세도 적게 나온다.

그런데도 왜 많은 사람들은 효용가치보다는 절대 면적이 큰 땅을 더 선호할까? 필자의 생각은 우리가 아직도 '농자천하지대본야_{農者天下之大本也}' 즉, 예로부터 농민을 천하의 근본이라며 중시해왔고 농지를 최고로 소중히 여겨온 농경시대 문화의 영향 탓이 아닌가 하고 추측된다. 사실 우리나라는

60년대까지만 해도 농업국가 아니었는가? 땅을 많이 가지고 있어야 부자 소리를 들었고 실제로도 그랬다. 옆집 철수네는 논 100마지기를 가진 동네 최고의 부자였고, 평범하게 사는 순이네는 열 마지기쯤 되었다. 찢어지게 가난했던 우리 집은 겨우 다섯 마지기뿐이라서 먹고살기가 힘들었던 기억이 크게 자리 잡고 있다. 죽어라 고생해서 수십억 원을 번 소부자들은 대개 6070세대이고 그들은 어릴 때 농민의 아들딸이었기에 아직도 '땅은 일단 넓고 봐야 한다'는 생각이 강한 것 같다. 태생이 도시지역 출신인 투자자는 땅은 작아도 효용이 높다면 마다하지 않는 경향이 있지만 꼬마빌딩 시장에서 아직도 그렇게 생각하는 이들은 소수에 지나지 않는다.

당신도 장래 언젠가는 재테크에 성공해서 빌딩 투자에 나서게 될 것이다. 그때를 대비해서 도시지역에 있는 땅의 종자가 어떤 것인지, 효용이 높은 땅과 낮은 땅이 역세권에서 어떤 식으로 분포하게 되는지를 상식 차원으로라도 알아두면 부동산 투자에 도움이 될까 하여 이 글을 쓴다.

우리나라에 있는 모든 땅은 그 위치에 따라 종자가 정해져 있다. 어떤 땅은 양반으로 우대받고 어떤 땅은 평민쯤 되고 어떤 땅은 천민 취급이다. 민주주의 사회에 무슨 말도 안 되는 얘기냐고 하겠지만 땅에 대해서만큼은 법으로 그렇게 정해놓았다. 2004년도에 제정된 '국토의 계획 및 이용에 관한 법률' 제6조는 국토를 토지의 이용실태 및 특성, 장래의 토지이용방향 등을 고려하여 ①도시지역 ②관리지역 ③농림지역 ④자연환경보전지역의 4종류의 용도지역으로 구분했다. 우리의 관심이 집중되는 도시지역은 주거지역, 상업지역, 공업지역, 녹지지역으로 지정한다(제36조). 다시 주거지역은 전용주거지역, 일반주거지역, 준주거지역으로, 상업지역은 중심상업지역, 일반상업지역, 근린상업지역, 유통상업지역으로, 공업지역은 전용공업지역, 일반공업지역, 준공업지역으로, 녹지지역은 보전녹지지역, 생산녹지지역, 자연녹지지역으로 세분하여 지정할 수 있다(시행령 제30조).

꼬마빌딩 투자에 적합한 용도지역은 2종일반주거지역, 3종일반주거지역, 준주거지역, 준공업지역 그리고 일반상업지역이라 할 수 있으므로 이런 용도지역에 집중하기 바란다.

투자자라면 누구나 선호하는 지역이 역세권이다. 전철역 사거리를 중심으로 역에서 가까운 도로에 접한 지역이 일반상업지역이다. 건물 높이가 10층 전후다. 약간 떨어진 곳에 건물 높이가 7~8층쯤 되는 준주거지역이 있기도 하지만 대부분의 경우 준주거지역이 없이 바로 3종일반주거지역이 있다. 그 다음이 2종일반주거지역이다. 서울의 역세권 중 이렇게 종별로 골고루 분포한 지역 중 하나가 당산역세권이다.

다음 쪽의 그림에서 좌측 상단은 네이버 지도의 당산역세권이고 하단은 당산역세권의 지적현황도이다. 지적현황도에서 대로변의 띠로 구획된 옅은 핑크색 무지는 일반상업지역이고, 바로 뒤편의 빨강색 빗금친 부분은 준주거지역이며, 흰 바탕에 핑크색 빗금 친 부분은 준공업지역이고, 우측 상단 코너의 노랑색이 3종주거지역이다. 역에서 가까우면 자연히 땅값이 높고 용적률도 높다. 역에서 멀어질수록 땅의 종자도 낮은 신분으로 떨어지면서 가치도 자연스레 낮아진다.

수익형 부동산 투자가 낯선 독자들은 위와 같은 지적현황도(지적도)에 익숙치 않을 것이다. 가로세로 거미줄처럼 줄이 그어져 있고 블록별로 울긋불긋하게 채색된 그림이 눈을 씻고 보아도 재미라고는 하나도 없다. 그

'당산역' 지도

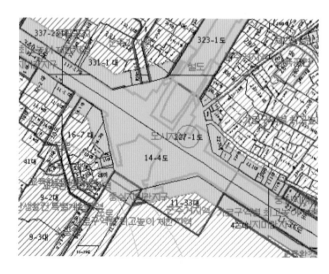

당산역 지적 현황도

러나 당신이 빌딩주가 되려거든 이런 그림만 보고도 그 지역의 상권분석을 개괄적으로나마 할 수 있어야 한다. 당신이 꼬마빌딩 투자에 나서게 되면 수많은 물건을 접한 것이고 그때마다 지적도를 열람하게 될 것이다. 땅 모양이 어떻게 생겼으며 종자가 무엇인지 공시지가가 얼마인지 개발에 제한이 있는 구역은 아닌지 등을 알아내기 위해서이다. 그런 과정이 반복되면 당신은 자연스럽게 지적도에 익숙해질 것이니 걱정 마시라.

180쪽의 그림은 강남구청역 사거리를 기준으로 본 용도지역 지적현황도이다. 핑크색이 일반상업지역이다. 그런데 이상하게도 이곳에는 준주거지역은 없다. 역에서 동심원으로 멀어질수록 반드시 일반상업지역 다음에 준주거지역이 오는 것은 아니라는 것을 보여주는 예다. 일반상업지역에 붙어 있는 키위색이 3종일반주거지역이고 노란색이 2종일반주거지역이다.

그런데 신설 역 주변은 이런 동심원과 같은 용도지역이 형성되는 과정에 시간이 걸린다. 신설 역세권이 되더라도 금세 준주거지역이나 일반상업지역으로 종 변경이 되지는 않는다. 종 변경이 되는 데는 종 변경 절차를 밟아야 하고 이 과정에는 미묘한 정치적 영향력이 숨어 있다.

정치인과 역세권 주민은 종 변경을 위해 국토교통부나 지자체에 적극 어필하여 역세권 신설에 따른 종 변경의 당위성을 주장하며 종 변경을 요구한다. 한편 역세권에서 좀 떨어진 지역 주민들은 종 변경이 될 경우 상대적 박탈감 내지 '사촌이 땅을 사면 배가 아픈' 정서가 발동해서 반대 여론을 형성하기 쉽다. 이때 정치권은 이해득실을 따지게 된다. 종 변경을 해줄 경우 얻는 표 대비 잃는 표에 대해 면밀히 따지는 것이다. 만일 종 변경을

강남구청역

출처: 네이버 지도

강남구청역 지적 현황도

출처: 토지이용규제정보서비스

해줄 경우 득보다 실이 크다면 웬만해서는 종 변경이 어렵다.

대표적인 예가 영등포구청역이다. 2호선이 개통된 때가 1984년이고 이어 5호선이 개통됨으로써 더블역세권이 된 때가 1996년이다. 구청이 있고 자연스레 먹자상권이 형성된 구청역세권은 어김없이 일반상업지역으로 종 변경이 되는 것이 순리임에도 이곳은 아직도 준공업지역에 머무르며 한 치도 못 나가고 있다. 선거 때만 되면 후보들이 앞다투어 종 변경을 해주겠다고 약속하지만 선거 끝나면 유야무야되고 또 4년이 흘러간다.

신설 역세권에 투자할 때는 그 지역 정치인의 성향도 파악해두는 게 좋을 것이다. 추진력이 강한지 느긋한지 말이다. 신설 역이 생기면 그 지역은 유동인구가 늘어나 발전하기 마련이다. 따라서 그 발전을 돕기 위해서 종 변경은 적시에 이루어져야 할 텐데…. 유권자 눈치 보기, 정치인의 의지 부족으로 인해서 개발이 부진한 지역에 들어가면 종 변경으로 인한 수확의 기회도 마냥 늘어질 수 있다. 다만 종 변경 공약이 오래토록 지속되어온 지역인 경우 머지않아 변경될 가능성이 크다고 보아 좋은 투자처가 될 수도 있을 것이다.

182쪽 그림은 영등포구청역세권의 용도지역이다. 전철역 좌측이 영등포구청이다. 구청과 접한 대로 우측 전체가 먹자상권인데 이 지역은 일반상업지역은커녕 준주거지역도 없고 온통 준공업지역뿐이다. 오랜 동안 종 변경 얘기가 나온 만큼 머지않아 종 변경이 실현되지 않을까 기대되는 지역이기도 하다.

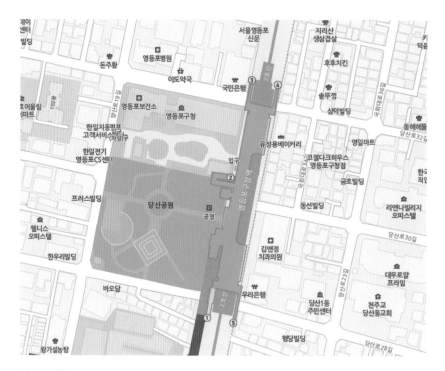

영등포구청역

영등포구청역 지적 현황도

종잣돈 6억 원부터는
꼬마빌딩에 도전하라

토지가 갖는 특성 중 가장 차별적이고 소중한 특성이 바로 영속성이다. 토지는 그곳에 영원히 존재한다는 뜻이다. 그러니 조상 대대로 전해줄 수 있다. 지금은 단층짜리 단독주택이든 2~3층짜리 상가주택 건물이든 용적률과 주차장 문제가 해결되는 한 증축을 할 수도 있고, 싹 허물고 신축을 할 수도 있다. 건축물의 수명은 유한하나 땅의 수명은 영원하다. 지금은 5층 정도를 올릴 수 있는 3종주거지역도 전철역이 생기거나 관공서가 들어서면 종이 변경되어 준주거지역이나 일반상업지역으로 신분이 상승할 수도 있다. 이후 8층 내지 10층 이상을 지을 수 있게 되면 땅값 폭등으로 인해 팔자를 고치기도 한다.

건축비가 부족하여 4층을 올릴 수 있는 자리에 2층 주택을 지어 살다가 자식에게 상속하면 자식이 2층 주택을 허물고 4층짜리 상가주택을 지을 수도 있다. 30년쯤 지나 손자에게 넘겨지면 손자는 또다시 허물고 좀 더 수익성이 높은 근생 건물을 지을 수도 있는 것이다. 이처럼 땅은 그 위에

높든 낮든 군말하지 않고 어떤 건축물이든 영원히 떠받쳐준다. 이것이 토지가 갖는 최고의 덕목이자 매력이다. 또한 토지가격은 IMF 때나 금융위기 때와 같은 최악의 상황 외에는 매년 3~4%씩 가격이 오른다. 공시지가가 이를 증명한다. 당신의 집이나 땅 지번을 일사편리 사이트에 접속하여 공시지가 추이를 검색해보라. 매년 꾸준히 상승해왔음을 확인할 수 있을 것이다.

도시지역에서는 대지면적 30평짜리는 꽤나 가치가 있다. 건폐율 상한이 대개 60%이니 층당 18평씩 올라갈 수 있다. 18평이면 계단을 제외해도 층당 전용면적이 15평은 된다. 이 면적이면 방 2칸에 거실 하나가 넉넉히 나온다. 서울시내에서 분양하는 방 2칸짜리 신축빌라의 실평수가 13~14평임을 고려한다면 땅 30평짜리는 충분히 의미가 있다. 임대수익용으로 반지하가 있는 3층짜리 다중주택을 지으면 원룸이 16실까지 나온다. 여기서 나오는 월세가 무려 700만 원이 될 수도 있다. 1~2인 가구가 점증하고 있는 세태를 감안하면 땅 30평도 훌륭하다.

그러면 서울에서 땅 30평을 사려면 얼마가 들까? 땅의 종자와 입지에 따라 천차만별이지만 4층짜리 다가구주택이나 상가주택, 다중주택을 지을 수 있는 2종주거를 예를 들어보자. 강남 서초구는 평당 3,500만~5,000만 원, 송파와 강동구는 3,000만~4,000만 원, 비강남권은 1,500만~2,500만 원 선이다. 물론 같은 2종주거라 해도 상권이 발달된 지역의 경우는 이보다 더 높다. 강북권 기준으로 평균 2,000만 원이라 할 때 30평짜리 땅을 사려면 최소 6억 원은 들 것이다. 여기서 땅이라고 하는 말은 지상에 건물이 없는 나대지만을 말하는 것이 아니라 지상에 낡은 주택 등이 있는 땅도 포함된다. 매스컴에 종종 나오는 협소주택을 짓는 20평 이하의 토지도 있기는 하다. 그러나 20평 이하의 토지는 당장 아쉬운 대로 집을 짓고 살 수는 있겠지만 재테크 차원으로는 효과가 매우 제한적이다. 코딱지만 한 땅 위에 나중에 다른 건축물을 짓는다 한들 자산 가치 상승효과는 미미하다. 너무 좁아 엘리베이터를 설치할 수도 없다. 그런 땅에 투자하느니 차라리 몇 년 더 저축하고 굴려서 6억 원쯤 모이면 최소 25평, 이왕이면 30평 이상 되는 땅을 사라.

필자의 책《꼬마빌딩 한 채 갖기》시리즈를 읽은 독자들 중에 재테크 실천을 위해서 5억~6억 원을 들고 필자를 찾아와 리모델링이나 신축용 물건 수배를 요청하신 분들만 해도 지난 2년간 100명이 넘는다. 이분들의 특징은 40~60대로, 부동산 투자라고는 아파트 투자 경험이 거의 전부인 분들이었다. 지금까지 아파트밖에 몰랐었는데 책을 보고 나니 "세상에 이런 세상도 있구나!" 하고 깨닫게 되었다고 한다. 예전엔 감히 꿈도 꾸지 못했던 꼬마빌딩주가 자신과는 전혀 무관한 세상이라고 생각했는데 책을 본 후 '나도 꼬마빌딩주가 되어보자'라는 새롭고 당찬 목표를 세우고 부푼 가슴으로 찾아온다.

이들의 공통점은 현실에서 아파트 말고 5억~6억 원으로 살 수 있는 부동산이 어떤 것인지에 대한 개념이 거의 없다. 그저 20억~30억 원 정도 될 법한 꼬마빌딩을 머릿속에 그리며 백마 탄 왕자를 기다리는 심정으로 필자를 찾는다. 이분들에게 필자가 포털 지도의 로드 뷰road view 기능을 통해 25~30평짜리 대지의 7억 원짜리 다가구주택을 소개하면 반응이 싸늘하다. 역에서도 멀고, 도로도 좁고, 주변 환경도 심란하다. 저런 동네에는 도저히 살 수 없을 것 같다는 생각에 답사해볼 엄두를 못 낸다. 지금까지 자신이 살아온 안락한 아파트와 주거환경의 차이가 커도 너무 크기 때문이다. 이런 실망감이 그분들 얼굴에 고스란히 나타난다.

꼬마빌딩주가 되는 여정은 낭만적인 꽃길이 아니다. 6억 원이란 꼬마빌딩 재테크의 초보적 자금으로 나설 때에는 다분히 가시밭길이다. 아파트처럼 사놓으면 알아서 가격이 올라가는 것이 아니다. 임차인들과 실랑이하고, 낡은 것을 고치고, 가꾸고, 어린아이처럼 돌봐야 한다.

여러분이 6억 원으로 꼬마빌딩 재테크에 동참하려거든 사전에 반드시 거쳐야 할 과정이 있다. 시간이 날 때마다 당신이 거주하는 동네부터 시작해서 점차 활동반경을 넓혀가면서 해당 지역의 중개업소에 방문해야 한다. 6억 원으로 융자 3억 원을 끼고 구할 수 있는 다가구주택이나 상가주택 매물들을 구하기 위해 수개월간 발품을 팔아야 할 것이다. 그러다 보면 '아, 내 돈으로 살 수 있는 부동산이 겨우 이 정도밖에 안 되는구나!'하고 절감하게 된다. 비로소 환상에서 깨어나 현실세계를 직시할 수 있게 되는 것이다. 이 수준에 도달한 후라야 비로소 리모델링이든 신축이든 도전해볼 준비가 되었다고 할 수 있는 것이다. 이런 과정을 생략하고 무조건 덤비다가 실망하면 꿈을 실현할 동력을 잃어 다시 도전하기 어렵다. 필자를 찾아온 고객 중 열 명에 한 명 정도만 꿈을 키워가고 있고 나머지 아홉은 꿈을 포기한다.

이런 과정을 거쳐 현실감과 자신감이 생기면 땅을 구입하자. 이 땅 위에 건물을 신축할 수도 있고 기존의 낡은 다가구주택이나 상가주택을 리모델링할 수도 있다. 문제는 한 번으로 끝나지 말고 3년 사이클로 2~3번은 해야 20억~30억 원대 꼬마빌딩주가 될 수 있는 것이다. 3년마다 거두는 투자수익은 실투자비용 대비 연간 15%를 목표로 정해보자. 연간 15%씩 3년이면 투자원금의 절반쯤 버는 것이다. 6억 원으로 한 번 투자하여 3년 만에 3억 원 벌고, 9억 원으로 3년 만에 4억 5,000만 원 벌고, 또 13억 5,000만 원으로 한 번 더 투자하여 7억 원을 벌면 어느새 20억 원대 순자산가가 될 수 있다. 여기에 융자를 좀 얻으면 30억 원대 빌딩주가 되는 것이다. 이는 오직 리모델링이나 신축을 통해서 가능하다. 이 정도면 대성공 아닌가? 이런 재테크를 도모할 수 있는 꼬마빌딩주의 시발점은 30평짜리 땅이요 돈으로는 최소 6억 원이다.

4층 건물을 노려라

2015년도에 출간된 필자의 첫 번째 책인《10년 안에 꼬마빌딩 한 채 갖기》의 주제는 '리모델링 재테크'라 할 수 있겠다. 이 책에서 제시한 성공적인 리모델링 재테크의 표준치인 연간 투자수익률 12~15%를 얻을 수 있는 매물은 시장에서 구하기가 실제로 매우 어렵다. 이 수준의 투자수익률을 내기 위해서는 무엇보다도 땅값을 시세보다 저렴하게 사는 것이 최우선이다. 평당 2,000만 원짜리를 1,800만 원이나 1,900만 원 선으로 사야 하는 것이다. 그런데 현실에서는 시세보다 비싼 매물이 다수이다. 따라서 돈 되는 매물을 잡는 것이 어렵지만 무슨 수를 써서라도 무조건 시세보다 싼 것을 잡아야 한다.

둘째, 입지가 좋다고 해서 2층이나 3층짜리를 사면 안 된다. 연간 15%대의 투자수익률을 내기 위해서는 임대료를 얻을 수 있는 층수가 4개는 되어야 한다. 참고로 투자수익이란 시세차익과 임대소득을 합한 금액을 말한다. 반지하가 있는 건물이라면 지상 3층도 괜찮다. 반지하에 원룸을 들이면 생각보다 임대가 잘 된다. 지상 대비 5만 원쯤 임대료를 낮추어 세를 놓으면 지상보다 반지하가 먼저 나가는 경우가 흔하다. 완전 지하층이 있는 건물의 경우 지상 3층에 옥탑방 1개 정도 있어야 좋다. 완전 지하는 통풍이 어려워 주택으로 임대하기는 어렵고 악기연주실이나 술집, 안마시술소, 창고 등으로만 임대가 가능하다. 공실이 발생할 경우 잘 메워지지 않아 골칫덩이다. 이렇게 작은 규모의 건물을 구입할 때는 지하층에서 얻는 임대료에 대해 큰 기대를 걸지 말아야 한다. 따라서 완전 지하에 지상 3층짜리 건물이라면 지하층을 버리는 카드라고 생각하고 이를 보완하기 위해서 여기에 옥탑방 1~2개 정도는 있어야 좋다. 이런 매물을 잡아야 당신이 만족할 만한 투자수익률 달성이 가능하다.

상권이 비교적 잘 발달된 지하철 역세권 먹자상권에 가보면 지상 3층짜리 상가주택도 이면지역에 많이 있다. 이런 건물을 매입하여 리모델링해서 3년 후 매도를 전제로 투자수익률을 분석해보면 필자의 경험으로는 잘해야 10~12% 선에 그친다. 이보다 상권이 훨씬 미약한 동네상권 3층짜리 상가주택을 리모델링할 경우 7~10%가 최선이다. 홍대상권이나 건대상권 쯤 되면 지상 3층짜리인 경우라도 투자수익률 15%를 낼 수 있겠지만 이런 상권에서는 평당 토지가격이 높아 5억~6억 원으로 구할 수 있는 매물이 아예 없기 때문에 그저 참고사항일 뿐이다. 아무리 좋은 상권이라도 지상 2층짜리를 리모델링할 경우 투자수익률 10%를 넘기기는 절대로 불가능하니 그런 매물은 리모델링보다 신축을 권한다.

가끔은 엘리베이터가 없는 5층짜리 건물이 나오기도 한다. 대지 30~50평 정도이고 엘리베이터가 없어 오르내리기가 불편하지만 건령이 20~30

지하1층/지상3층 + 옥탑방

수익성 좋은 5층 건물들이 나란히 서 있다

년이어서 리모델링에 적합한 경우, 땅값만 시세 또는 그 이하의 가격으로 살 수 있다면 이런 물건은 최상급이다. 월세를 받을 수 있는 공간이 5개 층이나 되니 수익성을 분석할 필요도 없이 무조건 투자수익률 15% 이상을 얻을 수 있으니 이런 물건은 볼 것 없이 잡아야 한다.

작지만 예쁜 디테일이
공실을 줄인다

　50억 원 이하의 수익형 부동산을 통칭하는 꼬마빌딩 투자는 신축 방식과 리모델링 방식, 기존 매물 중 선택하는 방식 등 세 가지를 들 수 있다. 덜 쓰고 마른 수건 쥐어짜며 저축하고 잘 굴린 결과 6억 원을 모으면 꼬마빌딩 투자를 시작할 수 있다. 낡은 다가구주택을 매입해서 리모델링할 수도 있고, 30평대 토지를 구하여 레버리지를 일으켜 다중주택이나 상가주택을 신축할 수도 있다.

　큰마음을 먹고 나선 투자가 공실 없고 가치를 높이는 투자가 되려면 해당 부동산이 남들 것과 다른 경쟁력을 지녀야 한다. 현대적이며 수려한 디자인과 고급 자재로 마감하면 확실한 경쟁력을 갖추겠지만, 없는 돈 다 끌어모아 투자하는 입장에서 한 푼이라도 덜 들이되 임차인이 기뻐할 만한 자잘한 부분에서 차별화를 시키면 효과가 크다. 이런 차별화를 위해서는 돈보다는 당신의 마음 씀씀이가 필요하다. 임차인을 그저 나에게 임대료 내는 사람 정도로 보는 것이 아니라 내 건물에 와주셔서 감사한 분들이니

마포걸레 세탁실　　　　　분리수거 쓰레기통

이곳에 기거하는 동안 일상이 즐거울 수 있도록 배려하자는 것이다.

　6억 원은 꼬마빌딩 투자를 시작할 수 있는 적은 돈이다. 이 정도 종잣돈
으로 리모델링 재테크를 시작할 경우 상가주택이나 다가구주택을 리모델
링하는 것이 일반적이다. 원룸이나 1.5룸, 투룸으로 개조하는 것이다. 이
때 일반적인 원룸 건물에서 찾아보기 힘든 차별적인 디테일을 당신의 건
물에 갖추는 것이 경쟁력을 높이는 포인트다.

　원룸 1층에서 계단을 올라가기 전 작은 공간에 마포걸레를 세탁할 수 있
는 공간을 만들어보자. 크든 작든 어떤 건물이든 계단청소는 자주 해야 한
다. 한 번은 빗자루로 쓸거나 진공청소기로 하고 다음 번엔 물걸레질을 한
다. 매 층마다 화장실이 있는 건물은 화장실 안에서 마포걸레를 세탁할 수
있지만 원룸 건물의 경우 외부엔 화장실이 없다. 이런 경우 위의 사진처럼
1층 현관 한편에 이렇게 깜찍한 공간을 만들면 보기도 좋고 유용하다.

배달 그릇 수거함 예시   무인택배함 예시   지하계단 조명처리 예시

    상가주택이나 원룸 건물의 경우 쓰레기 처리도 신경 쓰이는 일 중 하나다. 앞 쪽의 사진처럼 건물 코너에 공간을 마련하여 분리수거함을 설치해주면 쓰레기 처리가 깔끔해진다.

    원룸 건물은 층마다 방이 여러 개다. 보통의 경우 층마다 문만 있는데 여기에도 역시 한편에 배달 그릇 수거함을 만들어주면 세입자들이 고마워한다. 주인의 마음 씀씀이가 고맙게 읽힌다. 이왕이면 다른 원룸으로 옮기지 않고 오래 머무를 것이다. 무인택배함도 마찬가지다. 무인택배함은 1층 출입문 밖에 설치할 수도 있겠고 여의치 않은 경우 위의 사진처럼 건물 내부 한쪽에 설치할 수도 있다.

    지하로 내려가는 계단은 꼬마빌딩의 경우 거의 예외 없이 음침하다. 감지

옥상 조경 예시

식 전등이 없는 곳이 태반이고 퀴퀴한 냄새도 난다. 세입자가 안 들어오니 거의 폐허처럼 방치해두기 일쑤다. 이럴 때 사진처럼 환하게 계단을 단장해보라. 계단 바닥을 나무로 마감하고 벽과 천정에 전등을 배치하여 세입자가 내려갈 때 찜찜한 기분이 아닌 상쾌한 기분으로 내려갈 수 있도록 배려해주자. 돈도 많이 버시라고 5만 원권 지폐 모양으로 벽면을 도배해보자.

옥상도 잘 가꾸면 효자가 된다. 주인이 직접 거주하는 경우 옥상에 채소도 키우고 파라솔도 설치하는 등 비교적 신경을 쓴다. 그러나 당신이 거기에 거주하든 안 하든 상관없이 옥상을 공원처럼 가꾸어보라. 세입자들이 자주 들락거리면 옥상이 지저분해지고 담배꽁초 치우기 귀찮다고 옥상출입문을 자물쇠로 잠그는 주인들도 많지만 이 책을 읽는 여러분만큼은 너그러워지길 권한다. 쓰레기 치우는 수고 좀 하고 옥상에 정자도 설치해서 세입자들의 휴식공간으로 제공해보라. 설치비용과 수고가 들어가지만 세입자의 만족도가 높아 장기 거주가 가능하고 공실이 생겨도 좋은 소문이 나 있어 중개사가 즉시 임차인을 데려온다. 나중에 건물을 팔 때에는 설치비의 몇 배에 달하는 시세차익을 안겨줄 것이다.

'말 한마디로 천 냥 빚을 갚는다'는 속담을 잘 음미해보면 채무자의 성심을 다한 말 한마디가 채권자의 마음을 빼앗는다는 의미도 될 수 있다. 말 한마디에 감동해 그가 통 크게 빚을 탕감해주도록 만드는 것이다. 이처럼 당신의 챙김 충만한 마음씨는 당신의 건물에 생기와 만족을 가져다주고 팔 때는 프리미엄으로 돌아온다는 것을 명심하자.

2종주거는
꼬마빌딩의 본향이다

　대한민국 어디든 행정구역이 '시市'인 경우 우리는 그곳을 도시지역이라 부른다. 도시지역에는 토지 지번별로 그 땅의 용도를 정해놓았는데 이것이 용도지역이다. 용도지역에는 녹지지역, 전용주거지역, 1종일반주거지역, 2종일반주거지역, 3종일반주거지역, 준주거지역, 준공업지역, 상업지역 등이 있다. 그중 2종일반주거지역(이하 '2종주거')이 가장 흔하고 광범위하게 분포되어 있다.

　우리나라 국민의 20%가 사는 서울시의 경우 남산을 비롯한 크고 작은 산, 한강과 하천, 공원 등을 포괄하는 녹지지역은 통계청 자료에 따르면 서울시 전체 면적의 40.3%다. 즉 서울시 땅의 60%만 부동산 재테크 차원에서 의미 있는 용도지역이라고 보면 된다. 투자가 가능한 땅을 100으로 볼 때 주거지역이 무려 86%를 차지한다. 나머지 14%는 준공업지역, 준주거지역, 상업지역이다. 주거지역에는 전용주거지역이 약간 있을 뿐 2종주거는 전체 주거지역의 가장 큰 부분인 42.4%를 차지한다. 즉, 서울시민이 사는 곳이 웬만하면 2종주거라는 예기다.

2종주거는 꼬마빌딩의 본향이다

50억 원 이하 수익형 건물인 꼬마빌딩은 대개 층수가 5층 이하인 경우가 많다. 다가구주택이나 상가주택, 건물 전체를 통상가로 임대하는 근생건물, 사무용으로 쓰는 업무용빌딩이 여기에 속한다. 그중에서도 노후대비의 완성이랄 수 있는 월세 500만~1,000만 원 나오는 10억~30억 원짜리 꼬마빌딩들, 역에서 대개 300m 이상 떨어진 지역으로서 3~5층짜리 꼬마빌딩들이 서 있는 곳은 거의 다 2종주거라고 보면 맞을 것이다. 이렇게 꼬마빌딩과 2종주거는 혈연관계처럼 끈끈하고 친숙하다. 그러면 월급쟁이의 로망인 꼬마빌딩 한 채를 갖기 위해서 2종주거에 투자를 전제로 토지의 숨은 가치를 따져보자. 계산하기 쉽게 2종주거 토지 50평을 예로 들겠다. 이 땅에 지하 1층/지상 4층 상가주택이 있는 건물이라 치자. 한 층엔 건물주가 살고, 보증금 1억에 월세 500만 원이 나오는 매가 15억 원짜리다. 임대수익률이 4.3%이니 좋은 물건이다.

남들이 다들 좋은 물건이라고 말하지만 꼼꼼한 투자자는 마음속에 꺼림칙한 것이 있다. "사는 순간부터 건물은 감가상각으로 가치가 삭감되니 손해 아닌가?" 하는 생각으로 쉽게 매입 결정을 못할 수 있다. 걱정 마시라. 결론부터 말하자면 내려가는 건물가치보다 올라가는 토지가치가 훨씬 높기 때문에 궁극적으로는 이익이다. 따져보자. 대지 50평, 연면적 100평인 지하1층/지상4층 상가주택을 예로 들어보자. 연면적 100평을 지으려면

2017년 현재 모든 비용을 포함해서 평당 500만 원쯤 든다. 즉 건축비가 5억 원이다. 감정평가법으로는 감가상각기간을 50년을 두기도 하고 정부는 40년을 둔다. 편의상 40년을 기준으로 하자. 신축 직후 매입했다면 투자자는 건물 감가상각으로 매년 5억 원의 2.5%인 1,250만 원씩 잃는 것이다. 그런데 토지가치는 매년 3~4%씩 올라간다. 공시지가가 이를 증명한다. 대지가 50평이고 땅값을 평당 2,000만 원이라 하면 토지가치가 10억 원이다. 한 해에 땅값이 3%가 오르면 3,000만 원이고 4%가 오르면 4,000만 원이다. 평균치를 3,500만 원이라 보자. 앞에서 따져보았듯 건물가치는 5억 원에서 감가상각으로 매년 1,250만 원을 잃지만 토지가치는 3,500만 원씩 오르니 투자자는 매년 2,250만 원씩 벌게 되는 것이다. 즉 토지와 건물의 합인 15억 원 대비 매년 1.5%씩은 오른다. 그러므로 건물가치가 떨어진다는 이유로 꼬마빌딩 투자를 주저할 필요가 단연코 없다. 이것이 토지를 기반으로 하는 꼬마빌딩 투자의 매력이요 비밀이다.

부동산 투자에 대하여 잘 모르거나 친숙하지 않은 사람들은 투자를 꺼리는 이유로 흔히 "부동산은 살 때 취득세와 중개보수 등 거래세가 높고, 건물가치는 감가상각으로 떨어지고, 팔 때 양도세를 내고 나면 남는 게 없다"라고 말한다. 이런 신념을 가지고 있는 분들은 부동산 투자로 돈 번 경험보다는 돈을 잃은 경험이 더 많은 사람일 것이다. 또한 부동산의 숨은 가치를 찾아내고 잘 가꾸어 가치를 높여 되판다는 생각은 꿈도 꾸지 못해본 사람일 것이다.

그러나 우리 주변을 살펴보면 안정적인 재테크를 수행하여 노후대비가 완벽한 분들은 십중팔구 부동산으로 성공한 분들임을 쉽게 알 수 있다. 그들이 거래세가 두렵고 양도세가 아까워서 투자를 안 했다면 지금과 같은 부를 이룰 수 있었겠는가? 만일 당신이 위와 같은 생각을 가진 사람이라면 지금부터라도 생각을 바꿔야 한다. 최소한 원금은 잃지 않고 임대수익률과 지가상승으로 웬만하면 연간 최소 5% 이상 투자이익을 실현해주는 것이 꼬마빌딩 재테크다. 6억 원 이상 쥐고 있다면 리모델링이든 신축이든 꼬마빌딩 재테크에 정성을 기울여보자.

리모델링 비용 2배 법칙

꼬마빌딩 투자의 첫걸음은 다가구주택이나 상가주택을 구입하여 리모델링하는 것이 비교적 손쉬운 방법이다. 종잣돈 6억 원 내지 10억 원이 있다면 리모델링뿐 아니라 다중주택이나 상가주택 등을 신축할 수도 있겠지만 신축 경험이 없는 투자자는 아무래도 부담이 덜한 리모델링이 제격이라 하겠다.

리모델링이 꼬마빌딩주가 되는 지름길이고 재테크의 효자란 것은 익히들어서 잘 알겠고 관심도 많은데 도대체 어떤 물건을 선택해야 하며, 그것을 리모델링하면 수지가 맞는지 여부를 어떤 기준으로 판단해야 하는지가모든 예비 투자자들의 초미의 관심사일 것이다. 필자는 지금껏 수많은 리모델링용 매물을 취급해오면서 수지가 맞는 것과 맞지 않는 것들을 분석해본 결과 아주 간단한 답을 얻어냈다. 그 결과가 바로 '리모델링 비용 2배법칙'이다.

이 법칙은 간단히 설명하면 '리모델링 비용만큼 시세차익을 거둘 수 있어야 적합한 물건'이라는 것이다. 또한 건물 매입가격에 리모델링 비용을 두 번 더하면 그 값이 향후 되팔 수 있는 가격이라는 것이다. 가령 7억 원 짜리 다가구주택에 리모델링비 2억 원을 들인다면 시세차익으로 2억 원은 얻어야 하므로 리모델링 후 재매도 가격은 11억 원이며 이 가격은 분명히 수지가 맞는다는 뜻이다. 만일 11억 원 이상을 받을 수 있다면 물론 대박이다. 단, 리모델링 후 예상되는 임대료가 시장에서 통할 만한 수준의 임대 수익률이 나온다는 전제하에 이 법칙을 적용해야 한다.

매물을 고를 때 가장 중요한 것은 리모델링 후 3년 만에 재매도를 상정해서 투자수익률이 연간 최소 12%는 넘어야 한다는 점이다. 이왕이면 15% 선까지 갈 수 있으면 최상급이겠지만 말이 12%지 이 정도 수익률도 상당한 것이다.

한 번 연습해보자. 서울시내 강북권 이면지역을 기준으로 대지 30평 정도의 다가구주택을 매입하여 리모델링해보자. 202쪽 사진은 필자가 확보했던 영등포의 6억 6,000만 원짜리 다가구주택이다. 대지 30평, 반지하 1층에 지상 3층의 다가구주택이다. 보증금 7,500만 원에 월세 210만 원이 나와 임대수익률이 4.1%인 양호한 물건이었다.

먼저 리모델링 업체에 의뢰하여 공사비 가견적을 받아보니 리모델링 비

리모델링 비용 2배 법칙

리모델링 공사에 투입한 비용만큼 시세차익을 거둘 수 있어야 한다. 따라서 리모델링 후 재매 도가격은 리모델링 비용을 두 번 더한 값이며 그 값 이상으로 매도할 수 있다면 대박이다.

다가구주택 6억 6,000만 원 매물   리모델링된 유사한 다가구주택

용이 2억 3,000만 원이다. 이 비용을 들이면 건물 외벽의 전면은 대리석으로 후면은 드라이비트로 마감하고 내부 계단과 벽면을 타일로 장식하여 원룸 10실과 투룸 2실을 갖출 수 있다. 공사 후 임대료를 추산해보니 보증금 7,000만 원에 임대료 500만 원이 가능한 것으로 판단되었다. 임대수익률 5%에 놓고 역산해보니 건물가치가 12억 7,000만 원이다(500만 원 × 12개월 ÷ 0.05(임대수익률) + 보증금 7,000만 원).

이 물건을 '리모델링 비용 2배 법칙'에 대입해보자. 매입가 6억 6,000만 원 + 리모델링 비용 2억 3,000만 원 + 시세차익 2억 3,000만 원 = 11억 5,000만 원이 나온다. 그런데 위에서 임대수익률 5%에 놓고 따져본 바와 같이 이 물건은 11억 5,000만 원을 훌쩍 뛰어넘어 12억 7,000만 원의 가치를 지니게 되므로 이 법칙을 넉넉히 만족시키고 있다. 따라서 이 물건은 리모델링용으로 우량한 것임을 알 수 있다.

이렇게 당신이 리모델링을 위하여 매물 사냥 과정에서 구한 매물 중 마음에 드는 물건이 있으면 리모델링 업체에서 가견적을 받아보고 리모델링 후의 임대료를 추산한 뒤 간단히 리모델링 비용 2배 법칙을 대입해보라. 그 결과 재매도 가격에서 리모델링 비용만큼의 시세차익이 나온다면 그 물건은 리모델링용으로 적합하다는 얘기다.

물론 좀 더 구체적인 수익성을 판단해보려면 임대수입, 취득세와 중개비, 이자, 양도세 등 모든 수입과 지출을 종합적으로 계산해봐야 하는 것은 당연하다.

훼방꾼 중개사를
조심하라

　필자도 중개사지만 같은 중개업에 종사하는 사람들 중에는 정상적인 거래에 훼방꾼이 되는 분이 종종 있어서 유감이다. 필자 판단에 좋은 물건임이 틀림없어서 고객에게 소개하면 그 고객은 답사할 때 주변 중개업소 한두 군데는 꼭 방문한다. 땅값과 임대 시세도 알아보고 상권도 파악하기 위함이다. 이때 주의할 점이 있다. 정상적인 중개사라면 객관적 입장에서 정보를 제공하고 자문을 해주겠지만 남 잘되는 모습을 못 보는 일부 고약한 중개사는 왜곡된 정보를 주어 훼방을 놓기도 한다.

　물건을 소개받은 투자자가 해당 물건이 있는 동네의 어느 부동산에 들러서 "이 물건이 30억 원에 나왔는데 괜찮은 가격인가요?"라고 물어봤다고 치자. 질문을 받은 중개사가 그 물건이 매물로 나온 사실 자체를 모르는 경우라면 그로부터 물건 파악에 도움이 되는 답을 얻기가 어렵다. 자기 동네 매물인데 자기도 모르는 상황에서 타 부동산이 그 물건을 중개하고 있는 사실 자체에 자존심이 상하고 배도 아플 것이다. 뒤틀린 마음에 고춧가

루를 뿌리듯 대꾸한다. "아 여기요, 상권도 다 죽어가고 안 좋아요." "1층 월세가 얼마라고요? 43평에 650만 원요? 말도 안 돼요. 너무 비싸요. 400만 원 이상 받기 힘들어요. 지하는 한 번 공실 생기면 안 채워져요." 이런 식이니 고객은 화들짝 놀라서 필자가 제공한 모든 정보에 대해 믿지 못하겠다는 마음이 생긴다. '이거 혹하게 하려고 일부러 말하는 거품성 멘트 아닐까?' '43평인데 어떻게 650만 원이나 받을 수 있단 말인가?' 이런저런 의심이 들기 시작한다. 한 번 의심이 드니 주변을 샅샅이 훑는다. 여기저기 '임대 문의' 간판들이 눈에 띈다. '아 여기 상권이 안 좋구나!'라고 결론을 내리고 그 물건을 포기한다.

이 물건은 필자가 확보한 서울 서남부권 로데오거리에 있는 30억 5,000만 원짜리 물건 얘기다. 보증금 2억 6,000만 원에 월세 1,500만 원이 나오므로 임대수익률 6.4%의 고수익 급매물이다. 당시 지하층은 공실이어서 공실분 임대료를 빼도 수익률이 5.8%나 된다. 요즘 같은 저금리 시절엔 4%만 되면 우량 매물 대접을 받는다. 이런 점을 생각하면 너무도 훌륭한 물건 아닌가? 결국 심기가 꼬인 중개사가 내뱉은 몇 마디에 이 고객은 아까운 물건을 포기했다. 이 물건은 그로부터 1주일 후 다른 고객이 계약했다. 이렇게 심보가 나쁜 중개사들이 있기에 대다수의 선량한 중개사들이 욕을 먹고 중개사들 간에도 불신과 한탄의 이미지를 심는다. 객관적 시각으로 솔직하게 모르면 모른다고 해야 하는데 왜 그렇게 말 못할까? 이런 훼방꾼 중개사 때문에 귀가 얇은 투자자들은 아까운 물건을 놓치게 되는 것이다.

참 희한하다. 필자의 책을 읽고 감동해 큰 기대를 품고 와서 매물 소개를 받는다. 그리고 그 물건을 검증하는 과정에서 만난 심사 꼬인 또 다른 중개사의 말 한마디에 필자의 진심어린 권유가 일순간 물거품이 된다. 필자는 함부로 투자권유를 하지 않는다. 할 때는 매우 신중하고 조심스럽게 한다. 좋은 물건만 골라서 하려고 애쓴다. 그러기에 의뢰받은 지 수개월이 지나도 마땅한 물건이 없어서 연락드리지 못하는 고객들이 부지기수다. 어쩌다 좋은 물건이 수배되어 연락하고 물건정보를 건네주면 이와 같은 훼방꾼의 말이 금과옥조가 되고 필자의 말은 졸지에 헛소리가 되는 경우가 다반사다. 이것이 부동산 시장의 현실이다.

부동산에 들러 조언을 구할 때는 그분이 과연 실력자인지 어떤지를 잘 파악하면서 취사선택하는 지혜를 발휘하길 권한다. 시장에서는 훼방꾼 중개사들도 심심치 않게 만날 수 있다. 이들이 던지는 정보의 진위를 가려낼 줄 아는 것도 실력이다.

앞 매물의 지하 공실 해결에 유익한 팁을 드린다. 지하가 공실이 되면 이왕 공간이 비어 있는 김에 수리하길 권한다. 천정의 낡은 텍스를 걷어내고, 벽면에 흰색 페인팅도 하고, 통풍장치도 설치하고, 화장실도 새롭게 단장하면 좋겠다. 임대 시 화장실은 매우 중요하다. 지하는 음습함 때문에 공실 발생 빈도가 높다. 지하에 들어올 업종도 많지가 않다. 한 번 나가면 수개월 혹은 수년간 공실이 지속될 수도 있다. 이럴 때가 새 단장을 할 수 있는 절호의 기회라고 의식을 전환하자.

임대료를 100만 원 받다가 일시적으로 80만 원으로 낮출 수도 있고 그래도 안 되면 70만 원으로라도 낮춰 보자. 임대가 어려운 시기에 탄력적으로 대처할 수 있는 융통성을 발휘하면 공실 문제를 해결할 수 있을 것이다.

건물 투자자들은 잔금을 치루고 등기 이전을 마친 후에는 좀처럼 건물 꾸미기에 돈을 쓰려고 하지 않는다. 임차인이 불평을 태산처럼 해야 겨우 고치는 시늉을 한다. 자발적으로 돈 들이는 것이 마치 자신의 살점이라도 떨어져나가는 양 아까워한다. 건물주의 호주머니에서 돈 나오기는 헌법 개정만큼이나 힘들다. 건물 꾸미기에 들어간 돈은 대략 배 이상의 가치로 돌아오는데도 말이다. 건물의 가치가 제고되고 임대료도 상승한다. 당장의 비용이 아깝다고 방치하면 건물가치는 급속하게 퇴색한다.

카센터의 슬로건 "닦고, 조이고, 기름치자!"가 생각난다. 내 건물을 잘 살피고 다듬고 가꿔서 더 높은 부가가치를 창출할 수 있도록 투자해보자.

투자에 성공하고 싶다면
부동산 멘토를 찾아라

아파트 투자는 대한민국 국민이면 누구나 다 하고 싶어 한다. 전문가도 그만큼 많다. 정보 수집도 쉽다. 약간의 관심만 기울이면 누구나 준전문가가 될 수도 있다. 그러나 수익형 부동산 전문가는 드물다. 매스컴에 자주 등장하지도 않는다. 부동산 시장에서 주류로 취급받지 않기 때문이다. 국민 대다수가 아파트만 바라보고 있으니 어느 매체도 수익형 부동산을 집중적으로 취급해주지 않는다. 그런데 정작 월세 받는 노후대책은 수익형 부동산에서 답이 나온다. 오피스텔이나 상가, 근생, 꼬마빌딩 같은 부동산을 포괄적으로 취급하는 중개사는 흔치 않아 보인다. 작은 돈을 쥔 나를 꼬마빌딩 부자로 만들어줄 멘토가 어디 있을까?

먼저 이상적인 멘토에 대해 정의해보자. 훌륭한 멘토란 이런 사람이 아닐까? 부동산에 대하여 이론적·실무적 지식이 해박할 것, 투자 경험과 남의 투자를 가이드해준 경험이 풍부할 것, 초기에는 투자 실패도 경험했으나 실패를 딛고 내공이 깊어진 후에는 투자 실패가 없을 것, 원금손실은 없을 것 등이 있겠다. 또한 아무리 좋은 매물을 발견했을 때에도 흥분해서 혹하지 않고 객관적 시각에서 평정심을 유지하며 가치분석을 내릴 것, 경제 흐름을 항상 꿰고 있으면서 선제적 조치(매수, 매도)를 취할 수 있을 것 등, 이 정도의 덕목과 노하우를 체득한 사람이라면 믿고 의지할 만한 멘토로서 손색이 없지 않겠는가.

분야는 다르지만 우리가 목격한 역대급 멘토라 할 수 있는 히딩크 얘기를 잠시 해보자. 히딩크는 선수로서 뛰어난 편은 아니었지만 우리나라 국가대표 축구팀 감독이 되어 박지성을 비롯한 숨은 보석을 발견해내고 리모델링했다. 그리고 그런 숨은 보석들을 멋진 작품으로 '짠~' 하고 세상에 내놓는 방식으로 팀을 훈련시켜 기적처럼 우리나라 축구 대표팀을 월드컵 4강에 올려놓았다. 필자는 이런 분이 진정한 멘토가 아닐까 생각한다.

메시나 호날두가 세계 최고의 축구선수지만 이들이 나중에 축구팀의 감독이 되어 자신의 팀을 월드컵에서 우승시킬 수 있다고 생각하는 사람은 적을 것이다. 한국이 낳은 불세출의 스트라이커 차범근 씨는 최고의 축구선수였지만 감독으로서 성적은 썩 좋지는 않았다. 자기가 잘하는 것과 남을 잘하게 이끄는 것은 전혀 다르다. 본인이 서울대 갔다고 자기가 가르치는 학생들 모두를 서울대에 보낼 수는 없는 것 아닌가. 진정한 멘토는 히딩크처럼 남들이 캐치해내지 못한 숨겨진 재능을 발견해내는 예리한 능력이 필수요, 그를 잘 조련해서 진흙 밖의 진주로 만들어내는 사람이다. 이런 히딩크를 보고 "당신 선수 때 몇 골이나 넣었소?" 라고 묻고 자신보다 적게 넣었다고 그를 무시할 수 있겠는가.

여러분이 멘토를 찾고자 한다면 당신이 투자하고자 하는 종목을 취급하는 중개사 중에서 노련한 사람을 찾는 것이 현명하다고 본다. 빌딩재테크에 성공해서 여러 채를 가진 부자는 당신에게 도움이 되는 몇 마디쯤은 건네줄 수 있겠지만 당신과 부의 격차가 너무 커서 당신의 재테크에 적용하기엔 적합하지 않을 확률이 크다. 지금 손에 쥔 돈이 1억 원인데 10년 안에 50억 원대 꼬마빌딩주가 되고 싶어서 마음이 급한 나머지 무에서 유를 창출하겠다는 마음으로 큰 부자를 멘토로 삼는 것은 비현실적이다. 여러 중개사들을 만나서 대화하다 보면 멘토가 될 만한 분들이 제법 많이 있을 것이다. 마음을 열고 진심으로 다가간다면 그들도 당신을 일회성 손님이 아닌 평생 기꺼이 AS 해주는 고객으로 대할 것이다.

우스갯소리일 수도 있지만 "중개사는 떨리는 실과 떨리는 바늘귀를 꿰어내는, 고도의 난관을 뚫는 사람"이라고도 한다. 조심스러운 비유지만 인양된 세월호를 반잠수정에 거치시키는 고도의 기술에 비유할 만한 미션을 수행하는 사람이랄까. 반잠수정에 세월호를 거치시키는 데 있어 가장 큰 리스크는 바람이다. 높이 1m 이상의 파도가 치면 정밀 작업을 하기에 어렵고 실패 확률이 높다. 여기서 부는 바람은 부동산 계약 시 시시각각 팥죽처럼 끓는 사람의 마음과 같다. 파도는 일기예보를 통해 몇 시간 후를 가늠할 수 있는 반면 사람의 마음은 한 치 앞을 가늠할 수 없다는 점이 차이다. 말 그대로 변화무쌍하다. 상대방의 말 한마디에 기분이 나빠져서 자리를 박차고 나갈 수도 있다. 실제로 이런 일이 종종 발생한다. 작게는 수천만 원, 보통은 수억 원, 많게는 수십, 수백억 원의 매매계약에 임하는 인간의 심사는 굉장히 복잡하고 예민하다. 여차하면 평정심을 잃는다. 이런 민감함을 다스리고 쌍방이 웃으며 도장을 찍도록 조타하는 중개사는 여느 국회의원 못지않은(?) 스킬이 넘치는 사람 중 한 명이다. 필자도 그런 일을 하는 중개사다.

필자가 책으로 유명세를 타면서 찾아오는 투자자들이 꾸준하다. 책을 쓰기 전보다 책을 쓰고 난 후에 내공이 훨씬 더 깊어졌음을 고백한다. 필자가 특별한 재주가 있는 것도 아니고, 신의 영역을 넘나들며 남들이 못 보는 숨은 가치를 귀신처럼 끄집어내는 작두 타는 점쟁이도 아니다. 단지 필자는 빌딩이나 신축부지와 관련된 중개와 투자자문에 남보다 조금 더 관심을 갖고 성실하게 일해온 중개사일 뿐이다. 100억 원이 넘는 강남권 빌딩도 종종 취급하지만 대개는 50억 원 이하의 강북권 매물에 집중해왔다.

필자는 빌딩부자의 꿈을 품고 차곡차곡 재테크 내공을 쌓은 뛰어난 독자들을 아주 쉽게 만날 수 있어 행복하다. 그들의 질문은 난이도가 매우 높다. 그에 대한 해법을 제시하기 위해 공부를 많이 하게 된다. 또한 그들이 물어온 실제 매물을 분석도 해주며 그 지역을 답사하는 일이 반복되는 동안 필자는 서울뿐 아니라 수도권까지 아우르는 실전 전문가가 될 수밖에 없었던 것이다. 무슨 업이든 무수한 실전 경험을 바탕으로 하지 않고는 진정한 고수가 될 수 없다. 말솜씨가 좋고 가방끈이 길고 임기응변이 뛰어나다고 해서 전문가가 될 수 있는 것은 아니다.

항상 회자되는 진실이지만 세상만사는 결국 사람에게 달려 있다. 자신이 투자할 때만 집중적으로 매물을 찾으러 나서는 투자자는 부동산에 쏟는 시간이 제한적이다. 매물 수배도 제한적이다. 반면 중개사는 언제나 매물을 수배하고 분석하고 소개하고 거래를 이끌어낸다.

1만 시간의 법칙은 도사가 되는 데 소요된다는 시간을 지칭한다. 중개사

경력이 4년이면 근무시간이 최소 1만 시간이다. 8년이면 2만 시간이다. 이런 내공의 깊이를 가진 중개사 중에 잘 찾아보시길 권한다. 분명 훌륭한 멘토가 있을 것이다. 이런 멘토를 찾는다면 당신의 재테크는 한결 순조로울 것이다.

Case Study
꼬마빌딩 투자 성공 사례

　이번 장에서는 종잣돈 7억 원으로 성공적인 투자를 거둔 사례 2건을 소개한다. 20억~30억 원대 종잣돈이 있다면 자금의 압박에 따른 온갖 궁상을 떨지 않고도 할 수 있는 리모델링이나 신축의 길이 많지만, 대다수의 꼬마빌딩 투자에 나서려는 분들의 자금 규모는 5억~10억 원 선이므로 이 규모에 맞춰 종잣돈 7억 원으로 실행한 성공적인 리모델링 1건과 신축 1건을 소개하고자 한다.

8억 원짜리 상가주택을 리모델링해서 15억 원으로 만든 사례

　서울 서남부권 먹자상권 이면의 다소 한적한 골목 안에 자리 잡은 매가 8억 원짜리 상가주택 매물이다. 준공업지역 대지 32평, 연면적 86평, 지하 1층/지상4층이고 여기에 옥탑방도 딸려 있어 임대료가 나오는 층수가 많아 리모델링 용도로 최상급이다.

리모델링 전 상가주택 내역

단위: 만 원

매매가	용도구역	대지면적	연면적	준공연도	층수	임대내역 (만 원)	전철역
8억 원	준공업지	32평	86평	1993년	B1/4층	8,100/225	3분

전철역에서 200m 거리의 초역세권이다. 1993년도에 준공되어 24년이 경과된 상태로 리모델링에 적합한 건령을 보이고 있고, 철근콘크리트조로서 건물 구조가 리모델링에 따른 내부 공간 재배치 등으로 인한 하중을 견뎌내기에 충분하다.

필자는 리모델링 회사 대표를 불러 공간배치와 공사에 대하여 상의했다. 초역세권이라 1~2인용 주택수요가 풍부한 점을 고려하여 지층에 통풍 개선 공사를 해주면 투룸 2세대를 설치해도 통할 수 있다고 결론을 내렸다. 4층은 나중에 이 건물을 되팔 때 매수인이 거주할 수 있도록 주인세대로 깔끔하게 단장하고 나머지 공간에는 원룸을 넣어보니 12실이 가능해졌다. 이튿날 받아본 견적은 2억 9,300만 원이었다. 매가 8억 원 대비 상당히 높은 비용이었다.

필자가 평소 주장한 리모델링 15%을 훨씬 초과하는 고비용이지만 작은 돈으로 큰돈을 벌기 위해서 어쩔 수 없이 원룸을 많이 넣을 때에는 원룸에 설치할 풀옵션 등 고비용이 필수적이므로 15% 룰은 잠깐 잊어버려야 한다. 투자비용 대비 산출효과가 크다면 고비용도 기꺼이 투자해야 하는 것 아니겠는가.

이 투자자는 자신의 종잣돈 7억 원으로는 건물 매입가 8억 원과 리모델

리모델링 전 8억 원

리모델링 후 16억 원

링비 2억 9,300만 원을 감당할 수 없으므로 이 건물을 담보로 2억 5,000만 원을 대출받았다. 그래도 모자란 1억 7,000만 원은 준공 후 원룸 2개를 전세로 놓으면 마련할 수 있으므로 후불조건으로 리모델링 공사계약에 합의할 수 있었다.

리모델링 공사를 하기 위해서는 임차인들을 내보내야 한다. 임대차기간을 감안하여 일부 세대는 계약 만료에 따라 내보낸 후 임대를 채우지 않았고 나머지 세대는 이사비와 중개비, 임대차 만기 전 이사에 따른 보상금 등으로 약간의 비용을 들여 임차인들을 모두 내보냈다.

공사기간은 약 3개월 소요되었다. 마무리 공사가 임박하자 투자자는 주변 중개업소에 임대를 부탁하는 전단을 쫙 뿌렸다. 신축에 준한 구조와 최신식 풀옵션을 갖춘 원룸이므로 신속하게 임대가 채워졌고 공사대금도 깔끔하게 지불할 수 있었다.

이렇게 완공하여 임대를 채우니 이 건물은 보증금 9,000만 원에 월세 640만 원이 나온다. 주인세대는 제외한 채 말이다. 이 건물은 임대수익률을 5%에 놓고 매도하면 16억 원은 족히 받을 수 있는 물건으로 탈바꿈한 것이다.

7억 원으로 원룸주택 신축해서 13억 5,000만 원에 판 사례

필자가 누차 강조하는 말이지만 당신이 신축을 감당할 수만 있다면 신축방식이 최고의 수익을 안겨주는 재테크다. 그러나 '신축하면 10년은 감수한다'라는 세간의 얘기를 전해 듣고는 많은 분들이 겁을 먹고 포기한다. 그럼에도 불구하고 신축에 도전하여 성공적인 재테크를 실행한 결과 부업이 본업이 된 경우가 많이 발생하기도 하는 분야가 신축사업이다.

다음에 소개할 매물은 투자자가 세종대 인근의 2종주거 34평 땅을 구입하여 임차인 명도 후 5개월 만에 원룸 12실을 갖춘 다가구주택을 신축한 직후 보증금 5억 2,000만 원에 월세 320만 원으로 맞춰 13억 5,000만 원에 매도한 사례다. 1층은 필로티 구조이고 지상 5층이며 연면적 60평이다. 원룸을 신축할 때는 입지와 주변 환경에 따라 건축법상 다중주택으로 지을 수도 있고, 다가구주택으로 지을 수도 있고, 상권이 발달된 곳에는 상가주택으로 지을 수도 있다. 이 건물은 다가구주택이다.

지상 5층 원룸주택 13억 5,000만 원   원룸주택 주변 모습

　주변에 성수 IT산업단지, 세종대, 건국대 등이 있어 원룸 수요가 많은 곳이다. 투자자는 이 건물이 준공되자마자 2개월 만에 임대를 맞추어 재매도를 시도했다. 이분은 장기간 보유하면서 임대수입을 얻기보다는 임대를 맞춘 후 즉시 되파는 건축업자였던 것이다.

　투자자는 땅 매입금으로 7억 원을 지불했고 신축비용으로 3억 원을 들였다. 따라서 투입원가가 10억 원이다. 이 물건은 13억 5,000만 원에 시장에 내놓은 지 2개월 만에 팔렸다. 투자자가 개인이라면 신축 후 1년 이내에 팔 경우 양도세가 40%에 달하여 매도차익 3억 5,000만 원 중 양도세가 1억 5,000만 원에 달하므로 실익이 적다. 따라서 개인투자자인 경우 1년 이상 보유 후 처분하거나, 아니면 주택매매사업자로 등록하여 세금을 줄이거나, 아예 법인을 설립하여 저렴한 법인세 혜택을 누리는 것도 좋은 선

원룸주택 신축내역

매입가격	용도구역	대지면적	연면적	층수	신축비	재매도가	임대내역	전철역
7억 원	2종주거	34평	60평	5층	3억 원	13.5억	5.2억/320	8분

택이다. 법인의 경우 과세표준 2억 원 이하는 10%, 2억 원 초과는 20%를 적용받으므로 동 물건의 경우 양도에 따른 법인세가 5,000만 원 선으로 절세 효과가 크다.

격변하는 부동산,
결론은 꼬마빌딩 투자다!

얼마 전 독자 한 분이 필자를 찾아왔다. 턱수염도 안 깎고 담배 냄새도 진동했다. 겉모습이 비호감 그 자체였다. 무슨 일로 오셨냐고 물으니 증권 투자를 업으로 오래 했다고 한다. 알고 보니 도사 수준을 넘어 회사 합병 M&A 전문가로 화려한 스펙의 소유자였다. 기술은 좋은데 길을 잃고 헤매는 기업을 찾아 헐값으로 타 회사와 합병시킨 후 코스닥 상장을 시키면서 떼 돈을 벌었다고 본인을 소개했다. 이런 방식으로 2008년도에는 무려 180억 원을 벌었다고 했다.

그런데 운용을 잘 못해서 80억 원으로 가치가 떨어졌다. 잃어버린 100억 원을 회복하고자 급기야 선물환(장래의 일정기일 또는 일정기간 내에 일정액의 외국환을 일정한 환시세로 매매할 것을 미리 약속한 외국환)에 손을 댔고 그 결과 남아 있던 80억 원까지 몽땅 잃었다고 했다. 주변을 살펴보니 증권투자에 성공해서 한때 일확천금을 벌어 자산이 수백, 수천억 원대에 달하던 부자들이 마약에도 손대고 여자, 도박에 빠져 지금은 이 세상에서 사라진 이들이 부지기수라고 한탄했다. 필자는 수익형 부동산을 신봉하는 사람으로 증권에 대해 잘은 모르지만 단기간에 큰돈을 벌기엔 참 매력적으로 보이는 종목이다. 장기적으로도 자기제어와 공부, 냉철함을 유지한다면 연간 15%대 수익률을 얻기는 그리 어렵지 않은 것도 분명하다. 어디에 투자할지 잘 몰라서 삼성전자 같은 우량주에 묻어두게 되면 10년 안에 몇 배씩 오르기도 하지 않는가. 결과적으로 말하면 증권 전문가에 컨설팅받지 않고 증권 관련 공부를 하지 않았어도 그냥 삼성전자에 투자해서 10년간 방치했다면 당신의 재테크 실력은 슈퍼 갑이 되었을 것이다. 그런데 사람들은 왜 그토록 확실한 대한민국 대표기업에 진득하게 돈을 넣고 기다리지 못할까? 다 욕심인 것이다. '내가 이만큼 공부와 연구를 했으니 좀 더 빨리 부자가 되는 것이 정의사회 구현에도 부합하다'라고 스스로 생각한다. 삼성같이 묵직하게 버티는 우량기업은 단기적으로는 재미가 없으니 제쳐두고 잘 알려지지 않았지만 남모르는 정보를 선취할 수 있는 투자대상 발굴하기에 올인한다. 그런 몰두와 헌팅 과정을 통해 성취감을 느끼며 계속해서 그쪽으로 진군한다. 그 결과는 롤러코스터다. 잘 벌 때는 좋아서 한잔, 잘 안 되면 다음을 위해서 위로주로 한잔 한다. '이런 것이 인생 아니겠는가?' 자문하며 고개를 끄덕인다.

그렇게 세월은 흘러간다. 좀처럼 진도가 잘 안 나가니 한 방이 그리워진다. 이번엔 선물환이다. 한 번 잘되면 "0" 하나가 더 붙는다. 이게 망조의 시작이다. 잘되면 금세 재벌이 될 것처럼 보인다. '이왕 이렇게 된 이상 다음 번에도 잘될 거야'라고 하면서 한 번 더 선물환에 몰빵한다. 이분도 이런 방법으로 쫄딱 망해버린 케이스다.

도박은 단기적으로는 수확을 얻을 확률이 있지만 장기적으로는 반드시 잃는 게임이다. 이를 잘 알지만 욕심 앞에서 내 자신에 대해 하염없이 너그러워진다. 그러다 결국은 탈탈 털리고 무대에서 사라진다. 한동안 혹독한 자숙기를 거친 후 큰 용기를 내어 세상에 나타난 모습은 이분처럼 턱수염을 기르고 꾀죄죄해진 노숙자 모습이다. 그런 쓴 경험을 한 사람이 필자를 찾아온 것이다. 지금 수중에 5억 원이 남아 있다고 한다. 이 돈을 가지고 잘 굴려서 장차 부동산 투자를 업으로 삼고 싶다는 것이다. 환영해줬다. 이제라도 정신 차렸으니 다행이다.

필자는 이분을 10년 안에 50억 원대 부자로(?) 만들어보려 한다. 거짓말이 아니다. 이분은 가능하다. 5억 원을 가진 일반투자자의 경우 10년 만에 20억 원대 부자가 될 수는 있다. 그런데 이분은 부동산 개발, 즉 리모델링이든 신축이든 돈 되는 것은 무엇이든 법인 명의로 사업을 하겠다는 뜻을 밝혔으므로 30억 원대도 가능하다. 원룸주택이나 빌라 신축 위주로 한다면 50억 원대 달성도 충분히 가능하다.

신축이나 리모델링을 업으로 하면 큰돈을 벌 수 있다 해서 누구나 가능한 것은 아니다. 이것은 분명히 사업이므로 돈과 영혼을 몽땅 투자해야 가능한 일이다. 직장인이거나 자영업자로서 투잡two job을 뛰면서 둘 다 잘하기는 어렵다. 직장에 몸담고 있는 동안은 작은 돈부터 잘 굴려서 단계별로 나아가 궁극에 꼬마빌딩주가 되도록 도모해야 할 것이다.

평생 번 5억 원이나 10억 원을 밑천으로 노후 연금을 받을 수 있는 꼬마빌딩주가 되는 것은 은퇴 전후의 50~60대만의 과제가 아니다. 발 빠른 40대의 상당수도 꼬마빌딩주가 되고자 진군하고 있다. 이재에 눈을 먼저 뜬

봉천동 14억 원룸주택
보증금 6억 7,000만 원/월 300만 원

동탄2신도시 20억 원 상가주택
보증금 2억 5,000만 원/월 500만 원

영악한 30대도 이 대열에 합류하고 있다. 최소한 원금을 잃지 않는 투자, 비록 원하는 만큼의 월세는 나오지 않더라도 일정 부분 나오는 투자, 5년 쯤 기다리면 그동안 땅값 인상만으로도 재테크 재미가 쏠쏠한 투자가 바로 꼬마빌딩 투자다. 이제 노후대비책으로 꼬마빌딩은 대세가 되었고 앞으로 그 위상은 더욱 공고해질 것이다.

　위의 사진 중 좌측은 보증금 6억 7,000만 원에 월세 300만 원이 나오는 봉천동의 매가 14억 원 원룸주택이다. 우측은 주인이 거주하면서 보증금 2억 5,000만 원에 월세 500만 원이 나오는 동탄2신도시의 매가 20억 원 상가주택이고, 다음 쪽 사진은 성동구 대로변에 입지한 보증금 4억 5,000

성동구 32억 원 근생 빌딩
보증금 4억 5,000만 원/월 1,200만 원

보문동 48억 원 근생 빌딩
보증금 4억 원/월 2,000만 원

만 원에 월세 1,200만 원 나오는 매가 32억 원 근생 건물이다. 우측 사진은
보증금 4억 원에 월세 2,000만 원이 나오는 서울시 보문동의 48억 원 근생
건물이다.

월세 300만 원이면 은퇴 후 소시민적 생활이 가능하고, 500만 원이
면 기죽지 않을 정도는 될 것이다. 1,200만 원쯤 나오면 폼 잡을 만하고,
2,000만 원이면 조물주가 부럽지 않다고 호기부리며 완벽한 경제적 자유
와 부유한 삶을 즐길 수 있지 않겠는가. 당신도 지금부터 꼬마빌딩 한 채
갖기 대장정에 합류하여 머지않아 원하는 삶을 누리는 승자가 되기를 진
심으로 바란다.

'꼬마빌딩 한 채 갖기' 시리즈를 마감하며

의학의 발달과 삶의 질 향상, 4차 산업혁명의 혜택으로 이제 우리는 100세를 살아내야만 하는 시대에 살고 있다. 일하며 보낸 세월보다 여차하면 할 일 없이 보내야 할 세월이 더 길어 보인다. 노후 준비 부족으로 불안한 마음에 그곳에 가면 뭔가 위안을 받지 않을까 하는 기대로 매년 정초마다 사람들은 동해로 몰려간다. 새해 첫날 아침 정동진에서 간절한 소망을 담아 맞이하는 해돋이처럼 직장인과 자영업자가 은퇴 후 인생 2막을 희망찬 미소로 맞이하도록 돕는다는 심정으로 이들에게 꼬마빌딩주가 되는 길을 제시하기로 마음먹고 꼬마빌딩 시리즈를 시작한 지 3년이 되었다.

꼬마빌딩 1탄 《10년 안에 꼬마빌딩 한 채 갖기》는 2015년도에 출간 직후부터 꼬마빌딩 신드롬을 일으키며 수도권을 중심으로 한 전국 부동산 시장에도 새로운 바람을 일으켰다. 아파트 투자 일변도였던 독자들을 노후대비의 완성인 꼬마빌딩 투자에 눈을 뜨게 해주고, 리모델링으로 상당한 투자수익을 얻을 수 있는 재테크를 소개했다. 수익형 부동산 투자자가 투자 실행에 앞서 반드시 지녀야 할 필수지식을 사례를 들어 설명했다. 뿐만 아니라 '리모델링 15% 룰'을 소개하여 수지가 맞는 리모델링을 구현하기 위한 비용 상한선을 제시하였고, '부의 증식 200배 법칙'을 세상에 공개해 임대료 인상분이 부동산 가치 상승에 200배나 작용한다는 사실을 일깨워주었다.

2016년도에 출간된 꼬마빌딩 2탄《신축·경매로 꼬마빌딩 한 채 갖기》는 당신이 꿈꾸는 건물을 본인의 손으로 짓기 위해 어떻게 해야 하는지를 상세히 다뤘다. 그저 집 짓는 책에 그치지 않고 상권과 입지분석을 통해 미래가치를 극대화하는 방법, 공실을 줄이기 위한 대책, 건물주가 지녀야 할 성공적인 관리 노하우를 실어 막연한 두려움에 떠는 예비건축주들에게 도움을 주었다.

이 책 꼬마빌딩 3탄《소액투자로 꼬마빌딩 한 채 갖기》는 꼬마빌딩 시리즈의 완결판이다. 전체적으로 1탄과 2탄에서 미비했던 점을 보완함과 동시에 문재인 시대에 맞춘 투자, 제대로 된 가이드 부재로 실행하지 못했던 미군 렌탈하우스 투자, 그동안 등한시됐던 빌라 투자를 새로운 시각으로 심도 있게 조명했다. 이 밖에도 소소한 투자로 최대의 수익을 올릴 수 있는 고시원 투자와 P2P 투자도 다루었다.

당신이 꼬마빌딩 1~3탄을 모두 정독했다면 대한민국에서 노후대비가 완벽한 꼬마빌딩 재테크 또는 직장인이 투잡으로 할 수 있는 재테크의 모든 것을 다 갖췄다고 해도 무방하다. 이 정도를 소화했다면 당신은 이론적으로는 가히 수익형 부동산 재테크에서 상당한 경지에 이른 것이다.

중요한 것은 실행이다. 머릿속에 좋은 지식을 아무리 많이 보유하고 있어봤자 써먹지 않으면 무슨 소용인가. 이젠 실전에서 경험과 내공을 쌓아야 한다. 시간 날 때마다 중개업소를 방문해보자. 당장은 종잣돈이 준비되지 않았어도 5억 원을 갖고 있는 고객인 양, 10억 원을 가진 고객인 양 연기라도 하면서 꼬꼬마빌딩 매물을 소개받을 것을 권한다. 상권 분석과 입지 분석, 임대료 분석, 미래가치 분석, 리모델링 가능성, 신축 가능성 등을 직접 체크해보고 계산기를 튕겨보라. 그렇게 1년쯤 하다보면 감이 올 것이다. 그때부터는 좋은 물건만 좋게 보일 것이다. 그 이전에는 좋은 물건이라 생각한 것이 따져보면 평범한 물건이라는 것을 깨닫게 될 것이다. 안목을 키우고 나서 좋은 물건을 만나면 즉각 낚아채야 하는 것도 명심하자. 지금까지 해온 것처럼 결정 장애를 반복하지 말고 말이다. 매입해서 잘 가꾸고 양질의 임차인으로 채워서 가치를 상향 조정한 후 3~5년마다 되팔아 시세 차익과 임대수입을 챙기자. 그리고 또다시 사냥에 나서자. 당신은 이제 명품 사냥꾼이다.

조수석에서 지켜볼 때 운전석에 있는 사람은 실력이 어설퍼 보인다. 그런데 막상 당신이 운전대를 잡으면 그 운전사보다 훨씬 어설픈 운전사가 될 수 있다. 남 하는 거 보는 눈은 프로인데 내가 할 때는 아마추어가 되기 십상이다. 이제는 운전대를 직접 잡고 자신의 실력을 실전을 통해서 평가받을 때다. 빌딩주가 되려면 평론가로는 부족하다. 실전 경험이 절대적으로 필요하다. 첫술에 배부르겠다는 목표 설정은 아무래도 무리일 것이다. 우리가 아는 이 시대 최고의 부자들도 첫걸음부터 성공한 사람은 드물다. 약간의 울퉁불퉁한 운전 실력이 수많은 시행착오를 통해 능숙한 운전 실력으로 발전한 후라야 비로소 고속 주행이 가능할 것이다.

필자의 작은 소망은 독자 여러분 모두가 꼬마빌딩 재테크 분야에서 성공적인 카레이서가 되어 인생 2막이 더욱 아름답게 빛나는 것이다. 불굴의 의지로 실행하면 분명 가능하다. 지금 당장 꼬마빌딩주의 꿈을 세우고 10년 안에 그 꿈을 이루시기를 진심으로 응원한다.

빌딩 재테크 메신저
임 동 권

소액투자로 꼬마빌딩 한 채 갖기

초판 1쇄   2017년 10월 15일
초판 2쇄   2017년 10월 25일

지은이   임동권
펴낸이   전호림
책임편집   이영인
마케팅   황기철 김혜원

펴낸곳   매경출판㈜
등록   2003년 4월 24일(No. 2-3759)
주소   (04557) 서울시 중구 충무로 2(필동1가) 매일경제 별관 2층 매경출판㈜
홈페이지   www.mkbook.co.kr   **페이스북**   facebook.com/maekyung1
전화   02)2000-2612(기획편집) 02)2000-2645(마케팅) 02)2000-2606(구입 문의)
팩스   02)2000-2609   **이메일**   publish@mk.co.kr
인쇄 · 제본   ㈜M-print   031)8071-0961
ISBN 979-11-5542-740-8(03320)

이 도서의 국립중앙도서관 출판예정도서목록(CIP)은 서지정보유통지원시스템 홈페이지(http://seoji.nl.go.kr)와
국가자료공동목록시스템(http://www.nl.go.kr/kolisnet)에서 이용하실 수 있습니다.
(CIP제어번호: CIP2017023563)